カジノミクス

「カジノ解禁」「アベ銀行」「年金積立金バクチ」の秘密

大門 実紀史

新日本出版社

はじめに

官邸のなかにある首相執務室には、為替と株の値動きをしめす電光ボードが置かれているそうです。安倍晋三首相は、刻一刻と変わるボードの数字をみながら、なにをかんがえているのでしょう。おそらく、ろくなことはかんがえていないとおもいます。

「改憲を成しとげるまでは、株よ、下がらないでくれ」、そんなことでもおもいながら、電光ボードをながめているのではないでしょうか。

一九八〇年代後半、世界的に金融の自由化がすすみ、リスクの高い金融商品や半年後の天気を言い当てるような先物市場がつぎつぎとつくられました。

金融取引がじっさいの経済活動の何倍もの大きさにふくれあがり、イチかバチかのマネーゲームの世界に変質していくなかで、実体経済もそれにふり回され、経済全体がギャンブルのようになっていきました。

イギリスの経済学者、スーザン・ストレンジ（一九二三～九八）は、マネーゲーム化する現代資本主義のすがたを「カジノ資本主義」とよびました。

九〇年代にはいり、「カジノ資本主義」はさらに膨張し、東アジアやロシアに通貨危機を仕かけ、二〇〇〇年代に入るとＩＴバブルを発生させたあげく、とうとう〇八年にはリーマン・ショックとよばれる世界的な金融危機を引きおこしました。

リーマン・ショックは、サブプライムローンといういかがわしい金融商品の破たんをきっかけにおきたものですが、株価暴落、信用崩壊が実体経済にも大打撃をあたえ、各国の国民は倒産や失業に苦しみ、日本でも大規模な「派遣切り」がおこなわれ、格差と貧困がひろがりました。

マネーゲームの主催者である一握りの大投資家だけが大もうけする一方で、多数の人びとが富をうばわれ苦しむ――胴元だけが太りつづけるとばくの世界とよく似ています。

安倍政権がすすめてきた経済政策もとばくのようなものです。

第一に、実物のとばく場を開こうとしています。

二〇一八年七月、自民、公明、維新は、国民の六割以上が反対しているにもかかわらず、民営とばくを解禁する「カジノ実施法」を強行しました。日本人とくに高齢者の資産をアメリカのカジノ企業に差しだす、究極の売国法です（そのしくみはすぐに説明します。四二ページ以下）。

第二に、国家をあげてとばくにのめりこんでいます。

とばくの目的は、株価の引き上げとアメリカの要求にこたえることです。

この数年の株価の上昇は、大企業や富裕層、投資家に巨額の利益をもたらし、安倍政権は経済界の強い支持をえることに成功しました。

多くの国民にとって株価の上昇はじっさいにはあまり関係のないことですが、それでも株価を上げれば、「そのうち地方も景気がよくなってくるかもしれない」「これから自分もよくなるかもしれない」という期待や幻想を国民に与えることができます。それがいままで安倍内閣の支持率の一定の下支えにもなってきました。

株価を維持することは、政権を維持し憲法改悪をすすめたい安倍首相にとって、必要不可欠な課題となっているのです。

どうじに、安倍首相は日本の株価を上げるだけでなく、アメリカの経済的な要求にもこたえてきました。その手法は、二つありました。

一つは、日本銀行のマネーをつかったとばくです。

安倍首相は、日本銀行をみずからの意のままにうごく「アベ銀行」に仕立てたうえで、「異次元の金融緩和」という異常な金融政策を断行させ、円安・株高の金融バブルをつくりだしました(自然にではありません。意図的です)。さらに、株価を支えるために、日銀マネーを株式市場につぎこみました。日銀はまるで安倍政権のサイフ代わりのように使われてきたのです。

大企業や大株主、外国人投資家は大もうけしましたが、日銀は大量の国債と株をかかえこむことになり、大きな経済パニックを引きおこす危険性があります。

「異次元の金融緩和」は、もともとアメリカが自国の資金集めのためにもとめてきた政策でした。日本の金利がアメリカの金利より下がれば下がるほど、金利の安い円が売られ、金利の高いドルが買われる。その結果、日本からアメリカへ資金が移動するからです。

二つ目の方法は、私たちの老後の資金である年金積立金を元手にしたとばくです。

安倍首相は株価をつり上げるために、年金積立金をリスクの高い株式市場につぎこんできました。さらにアメリカの要求にもこたえ、年金積立金を米国債の購入やアメリカの株価を支えるために差しだしてきました。

安倍政権の経済政策のすべてが、まさに売国のマネーゲームです。

スーザン・ストレンジは、電光ボードをみながら株の売買をおこなうトレーダーのすがたが、カジノでルーレットの円盤のうえを回転する銀の玉をみつめるギャンブラーと非常によく似ていると指摘しました（『カジノ資本主義』一九八六年）。

首相執務室で電光ボードをながめる安倍首相も、そういうギャンブラーたちとあまり変わりがないようにおもえます。

実物のカジノをつくるだけでなく、とばくのような経済政策をすすめる――まさに国家をあげた「カジノ資本主義」です。もはやアベノミクスというより「カジノミクス」とよぶのがふさわしい。

本書の目的は、「カジノミクス」の危険性をあきらかにしたうえで、まともな経済への転換を提起することにあります。

第一部「許すな、売国のカジノ上陸」では、自民、公明、維新によって強行された「カジノ実施法」の反社会性、売国性、違法性について告発します。

この法律は、カジノだけでなく、民営とばく全体の解禁に道をひらくものです。法律の廃止をめざしながら、日本のどこにもカジノをつくらせない各地域でのたたかいが重要になっています。

第二部「あぶない『カジノミクス』」では、「アベ銀行」と化した日銀の「異次元の金融緩和」の危険性と真のねらいを告発し、正常化の道を提起します。

どうじに年金積立金の運用にかんする問題点と危険性をあきらかにし、本来の運用のありかたをかんがえます。

「カジノミクス」のすべては株価を引き上げ、支えるためにおこなわれてきたものです。

二〇一八年はマルクス生誕二〇〇年にあたります。

マルクスは、株式制度について、個人資本が社会化する過程として評価しながらも、けっきょく少数の「山師」による「取引所投機」となり、「ぺてんと詐欺《さぎ》の全体制を再生産する」ときびしく批判しました（『資本論』第三部・第二七章）。

いまから百数十年まえに、マルクスは株式制度がとばく化することを的確に指摘していたのです。

現在の資本主義は、「株主資本主義」と呼ばれるように、株価がすべてといわんばかりのマネーゲームが横行し、マルクスが指摘した「ぺてんと詐欺の全体制」が途方もなく拡大再生産されてきました。そのなかで格差と貧困もひろがりました。

しかし、この「株主資本主義」にたいし、経営者や保守層の側からも疑問の声があがるようになっています。株価を上げるために目先の利益だけを追求する経営が、企業の中長期戦略を阻害し、将来を危うくしているという批判です。

本書のさいごでは、「株主資本主義」から、まともな経済への方向転換を提起します。


いまや、金融がわからないと世の中全体がわからない、といわれる時代になりました。国民の経済的苦難の背後には、どん欲な金融資本が存在するからです。

それゆえ二〇一一年九月にアメリカでおきた「九九%のための政治」をスローガンにした大規模な抗議行動がむかったのもウォール街（ニューヨークの金融機関が集中する一区画）であり、合言葉は「ウォール街を占拠せよ」でした。

「民主的社会主義者」を自称するバーニー・サンダース氏はウォール街についてつぎのようにのべています。

「ウォール街には詐欺師がいます。その強欲、その無謀、その無法な行為が、このひどい不況を引き起こし、大変な被害をもたらしました。……私たちは、ひと握りの泥棒男爵がこの国の将来を支配することなど、絶対に許さないのです」（『バーニー・サンダース自伝』萩原伸次郎訳）。

本書は、金融は苦手という方にも読んでいただけるよう、専門的な知識にふみこむより、ものごとのしくみと関係をのべることに重点をおきました。金融経済用語もできるだけ解説をくわえながら書きすすめるようにしました。

本書が、日本経済のまともな発展をねがう各分野の運動や、カジノをつくらせない全国各地のたたかいに少しでもお役にたてれば幸いです。

二〇一八年一一月

大門実紀史

目次

第一部　許すな、売国のカジノ上陸

（1）人の不幸でもうけるな

二〇一八年七月二〇日、参議院本会議で、「カジノ実施法」（「特定複合観光施設区域整備法」）が、自民、公明、維新による賛成多数で可決成立しました。

西日本豪雨（六月二八日～七月八日）による深刻な被害がひろがるなか、本来なら、政府の対応も国会審議も被災者支援の一点に全力を集中すべきときに、自民、公明、維新は、とばく解禁という戦後もっともおぞましい法案の審議を優先し、採決を強行したのです。

国会の責務を忘れた恥ずべき行為だと、きびしく指摘しておかなければなりません。

日本はすでにパチンコと公営ギャンブルをあわせ市場規模が二七兆円にものぼる、ギャンブル大国です。ギャンブル依存症も三〇〇万人をこえ、多重債務や自己破産など、深刻な社会問題を引きおこしています。

今回の「カジノ実施法」は、それに加えて、刑法で禁じられてきた犯罪行為である民営とばくまで解禁し、ギャンブル依存症をさらに増やすものです。

本章（1）では、まずカジノの反社会性についてのべます。

国民はごまかされない

法案が採決される直前に朝日新聞がおこなった世論調査では、「カジノ実施法」を「今国会で成立させるべきだ」は、わずか一七％でした。「成立させる必要はない」が七六％、

法案可決直後に共同通信社が実施した調査でも、「カジノ実施法」に「反対」は六四・八％にのぼり、「賛成」の二七・六％を大きく上まわりました。

安倍首相は国会で、カジノ反対の世論が多数である理由についてどうおもうかと問われ、「カジノばかりが強調され、ＩＲ《アイアール》の積極面が理解されていないからだ」と答えました。

ＩＲとは、「Integrated Resort」の略で、統合型リゾートという意味です。ラスベガスやシンガポールなどでつくられてきた、カジノとホテルや会議場、展示場、ショッピングセンターなどが一体となった複合観光施設のことをいいます。

政府与党や維新は、つくるのはＩＲであり、カジノはその一

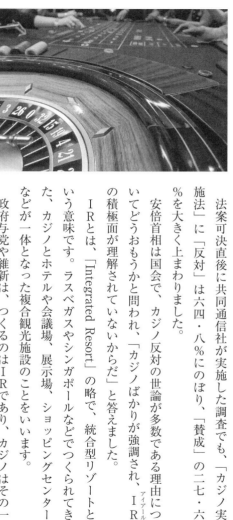

部にすぎないといってきましたが、それはちがいます。じっさいはＩＲ全体がカジノのために存在しているのです。

カジノの施設面積はＩＲ全体からすると一部かもしれませんが、どの国のＩＲも収益全体の七割から八割をカジノが稼ぎだしています。

そもそもカジノにホテルを併設するのは、客を二四時間ギャンブル漬けにするためです。

また、ラスベガスなどのホテルは、フロントにいくのにカジノの前をとおるようになっており、会議や商用目的できたビジネスマンを、しぜんとカジノに誘いこむようにつくられています。

ＩＲに家族づれを対象にしたショッピングセンターや娯楽施設をつくるのも、親を施設内のカジノに誘い込み、子どもたちはカジノの存在に慣れさせて将来の客にするためです。

ＩＲ内の施設はすべてカジノに人をよびこむための集客装置としてつくられており、「カジノ実施法」がつくろうとしているのも、カジノのための複合施設にほかなりません。


また海外のＩＲでは、「コンプ」という顧客サービスを実施しています。

「コンプ（comp）」は、「Complimentary」の略で、「無料」という意味です。

「コンプ」はおもにＶＩＰ客相手のサービスで、無料航空券を配ったり、飛行機で送り迎えをしたり、ホテルの宿泊費、飲食費を無料にしたり、負けたお金の何％かをもどすなどのサービスがあります。

ようするに客が負けたお金から一部を還元するわけですが、「コンプ」によって、カジノでたくさんお金をつかってくれるＶＩＰ層をどれだけ取りこめるかが、カジノ経営の成否をきめるといわれています。

しかし、この「コンプ」は特別のお金持ちだけでなく、一般客むけのサービスもあります。カジノで会員になるとポイントカードが発行され、カジノで使った金額におうじてポイントが貯まっていくしくみです。貯まったポイントは、カジノのチップ（賭けごとに使われる現金のようなもの）に換えられるだけでなく、ホテルの宿泊費やＩＲ施設内の飲食費、娯楽費につかうことができます。

カジノで負けてもポイントが貯まることで、少しは得をした気分になり、カジノ・ギャンブルから抜けだせなくなります。ポイントがＩＲ施設内でしかつかえないことも、ＩＲのリピーターをつくる、すなわちカジノへの「囲い込み」を意図したものにほかなりません。

政府は日本のカジノにおける「コンプ」は、あまり高額なサービスにならないようにするといってきましたが、よく聞いてみると「海外の基準に合わせる」（「ＩＲ推進本部」事務局）とのことなので、ＶＩＰ、一般客ふくめて「コンプ」によるカジノへの「囲い込み」がすすむのはまちがいないでしょう。

すべてがカジノのための複合施設にすぎないものを、ＩＲということばで、なにか特別の魅力のある観光施設であるかのように幻想をふりまき、国民のカジノ批判をやわらげようとしているだけです。

しかし、いくら言葉でごまかそうとしても、とばく場はとばく場です。国民の多くは、その反社会性を見ぬき、「カジノ実施法」に反対したのです。

なぜ、とばくは犯罪なのか

刑法の第一八五条には「賭博《とばく》をした者は、五十万円以下の罰金又は科料に処する。ただし、一時の娯楽に供する物を賭けたにとどまるときは、この限りでない」とあります。

「一時の娯楽に供する物を賭けたにとどまるとき」とは、たとえば、野球であるチームが勝ったら飯をおごる、といった範囲の賭けごとのことです。そこまではうるさくいいませんということです。ただし、賭けマージャンはとばく罪に該当します。

第一八六条は「常習として賭博をした者は、三年以下の懲役に処する。賭博場を開張し、又は博徒《ばくと》を結合して利益を図った者は、三月以上五年以下の懲役に処する」とあり、とばくの常習やとばく場を開くことはきびしく罰せられます。

とばくが刑法で禁止されている理由について、最高裁の判例はつぎのように説明しています。

「賭博行為は、一面互に自己の財物を自己の好むところに投ずるだけであって、他人の財産権をその意に反して侵害するものではなく、従って、一見各人に任かされた自由行為に属し罪悪と称するに足りないようにも見えるが、しかし、他面勤労その他正当な原因に因るのでなく、単なる偶然の事情に因り財物の獲得を僥倖《ぎょうこう》せんと相争《あい》うがごときは、国民をして怠惰浪費の弊風《へいふう》を生ぜしめ、健康で文化的な社会の基礎を成す勤労の美風を害するばかりでなく、甚だしきは暴行、脅迫、殺傷、強窃盗その他の副次的犯罪を誘発し又は国民経済の機能に重大な障害をあたえる恐れすらあるのである」（昭和二五年一一月二二日、最高裁判所大法廷判決）。

つまり、とばくは（人びとをギャンブル依存にし）、仕事をなまけさせ、賭けるお金ほしさに犯罪まで誘発し、国民経済に重大な悪影響をあたえるということです。

しかもとばくの有害性は、なにか対策をとれば防げるといったレベルの問題ではなく、行為そのものを禁じるしかない。そういう判断があったから刑法で禁止されてきたのです。

カジノ推進派がいうような、「依存症対策」をとればカジノを解禁してもいい、などという軽いはなしではないのです。

歴史の重み

とばくが禁止されてきた背景には、歴史の積み重ねがあります。

ギャンブル依存症では、夫がギャンブルに狂って妻や子どもが泣かされるという事例がよく聞かれます。

じつは、日本で最初にとばくが禁止されたのは、ギャンブル依存症の夫を憂える妻のおもいがあったからです。

『日本書紀』によれば、日本で最初にとばくを禁止したのは、西暦六八九年、女性の天皇である持統《じとう》天皇が発布した「双六《すごろく》ばくち禁止令」です。

このころ流行したとばく行為は、唐から渡来した「双六ばくち」で、サイコロをふって出た目の数で紙面などに書かれた区画をすすんで先に相手陣地に侵入したほうが勝ちというルールでした。

そのうち双六が面倒くさくなって、サイコロだけふるようになったのが丁半《ちょうはん》ばくちです。

また『日本書紀』には、「双六ばくち禁止令」が出される三年前の西暦六八五年九月一八日に、持統天皇の夫であった天武《てんむ》天皇が大安殿《おおやすみどの》（内裏《だいり》の正殿《しょうでん》）において、王卿《おうけい》らを召して博戯《ばくぎ》をされたという記述があります。

ようするに、真っ昼間から宮中の正殿で、天皇と貴族たちがばくちに興じていたというはなしです。

その翌年に天武天皇は亡くなっています。天武天皇のギャンブル依存症がどの程度だったかはわかりませんが、妻の高天原広野姫尊《たかまのはらひろぬひめのみこと》が夫のあとをついで持統天皇として即位し、最初に発布したのが「双六ばくち禁止令」だったわけです。

おそらく持統天皇はギャンブル依存症の夫を憂い、それが世のなかにひろがる怖さを肌でかんじとっていたのではないでしょうか。

そういう現代にも通じる妻の気持ちがはじまりで、日本では千三百年以上、とばくが禁じられてきたようにおもえてなりません。

『百人一首』に「春すぎて、夏来《なつき》にけらし白妙《しろたえ》の、衣《ころも》ほすてふ、天《あま》の香具山《かぐやま》」という持統天皇の有名な歌がのこっています。安倍首相のおぞましさにくらべ、なんとさわやかな歌でしょう。

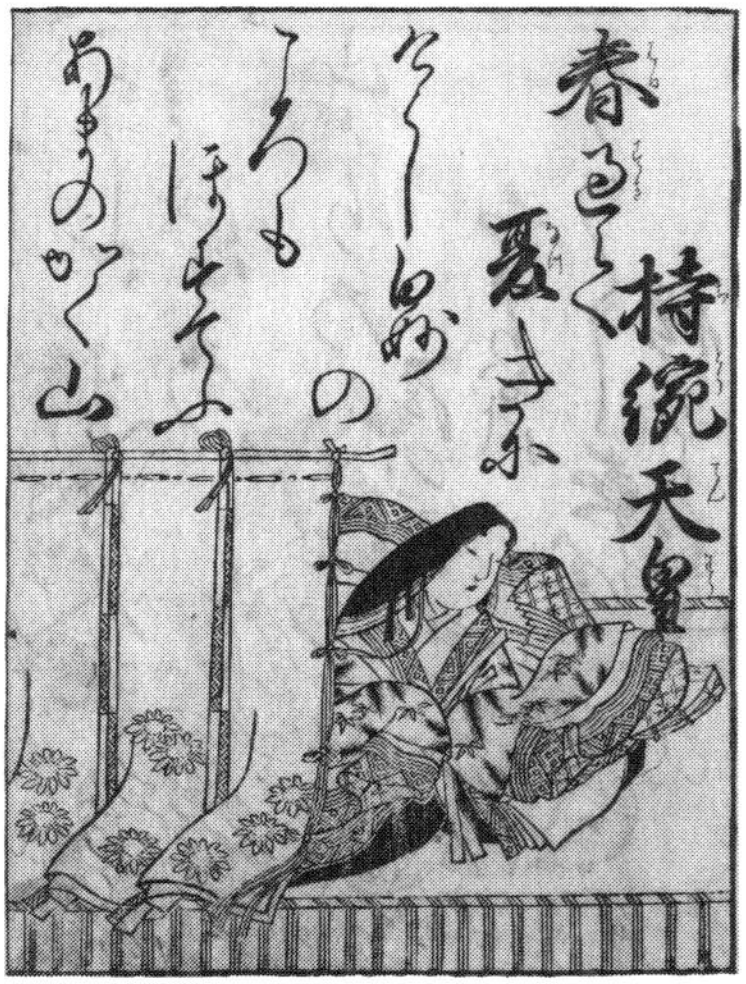

『百人一首』に描かれた持統天皇［画　菱川師宣　国立国会図書館蔵］

近代法ではじめてとばくを禁じたのは、旧刑法（明治一三年・一八八〇年刑法）です。

江戸幕府から明治政府へという新旧権力の交代期には、規制のゆるみに乗じて、いろいろなとばくが流行しました。

文政から天保にかけて、富くじ（江戸の宝くじ）が大流行しますが、それに付随して丁か半かの闇とばくまで横行したので、天保一三年（一八四三年）、水野越前守《えちぜんのかみ》によって富くじそのものが禁止されました。そのころ世相はみだれ、町の辻々で昼間からばくちがおこなわれるようになり、博徒がはびこっていたといわれています（「天保改革町触史料」）。

明治維新になって、新しい日本の建設、経済発展のためには、まず、とばく撲滅、風俗矯正が必要でした。

明治政府のもとでの最初の刑法典である「新律《しんりつ》綱領」（一八七〇年公布）の第一八六条で「およそ財物を賭け、博戯を為す者は、みな杖八十の刑（棒たたき）に処す、賭場の財物は官に入る（没収する）。賭場を開帳する者は、とばくに加わらなくとも同罪とする」とあります。

このときは「棒たたき」の刑でしたが、一〇年後の旧刑法では、「賭場を開張して利を図り又は博徒を招結したる者は三月以上一年以下の重禁錮に処し十円以上百円以下の罰金を附加す（第二六〇条）」というように、刑罰が近代化されました。

歴史をふりかえれば、昭和二五年の最高裁判例がいう「とばくが勤労の美風を損ない、国民経済に障害をあたえる」というのは、けっして戦後の一時期のことではなく、時代をこえた教訓だということがわかります。

とばくで自己責任を問うな

カジノ推進派の議員たちのなかには、「カジノがよくないとおもうなら、やらなければいいだけのことだ」とか、「ギャンブル依存症になる人もいれば、ならない人もいる。なるのは意志が弱いからだ」という人がいます。ギャンブルがわるいのではなく、ギャンブルにはまり込むほうがわるいという自己責任論です。

たしかに一度パチンコで負けて、二度といかなくなる人もいるでしょう。日本にカジノができても、カジノにいかない人はたくさんいるでしょう。

しかし、だからといって、パチンコやカジノにいってギャンブル依存症におちいった人たちを本人だけの責任にしていいのでしょうか。

そもそも、とばくは犯罪です。人を犯罪に誘いこんでおいて、誘いこまれた人の自己責任だけを問うのでは、犯罪者である胴元を免罪することになってしまいます。

現在、ギャンブル依存症をうんでいるのは、パチンコと競馬や競輪などの公営ギャンブルです。

パチンコは風営法のもと、国家公安委員会が管理し、換金はおこなわず（実際は「三店方式」

でおこなっている—後述)、射幸性(ギャンブル性)を抑制しているから、とばくではなく「遊技」と区分されています。

また公営ギャンブルも特別立法により「合法」とされ、競馬法や自転車競技法などそれぞれの法律の中で、射幸性をコントロールすることになっています。

しかし、じっさいは射幸性の抑制などほとんどおこなわれていません。

つまり、パチンコも公営ギャンブルも、建前は「遊技」、「合法」でも、実際は犯罪であるとばく行為とおなじことをおこなっています。だから三〇〇万人をこえる大量のギャンブル依存症がうまれているのです。

「大阪いちょうの会」山口美和子さん〔赤旗〕

「遊技」だから、「合法」だからという理由で、依存症を自己責任にするわけにはいきません。

ギャンブル依存症は本人だけの問題ではありません。むしろ家族のほうが、本人の何倍もの苦しみを味わうこともあるのです。

「私たちはカジノに断固反対です。不幸な子どもをつくってはなりません」——二〇一八年七月三日の参院内閣委員会に参考人として出席した山口美和子さんの声が委員会室にひびきました。山口さんは「大阪いちょうの会」（大阪クレジット・サラ金被害者の会）幹事で、サラ金の過酷な取り立てに苦しむ被害者の救済や生活再建を支援する活動をしてきました。山口さん自身も、父親がギャンブル依存症で借金を重ねたあげく失踪するという、子どものころにつらい経験をしています。

「父がほんとうに情けなく、父を憎み、自分の心のおきどころもなくしました」。

山口さんの言葉に、委員会室は静まりかえりました。

そして山口さんはうったえました。

「私たちは日々、ギャンブルや借金で自死をする人を防ぐために活動しています。それをあざ笑うかのようにカジノをもってくるなんて、私はとうてい認めることはできません」。

不道徳な見えざる手

ギャンブル問題だけでなく、なんでも自己責任という風潮が強まっています。

弱肉強食の新自由主義が大手を振るようになって、競争に負けたのは負けたほうに責任があるという自己責任論が流布《るふ》されてきました。

新自由主義は、利潤追求のなにがわるい、強いものが勝ってなにがわるい、すべてを市場競争にまかせればうまくいく、「神の見えざる手」がはたらいて、効率的な経済社会が実現できるのだという考え方です。だから政府は経済に口を出すな、「規制緩和」だ、小さな政府だと主張してきました。

かれらにとっては、競争に負けた人びとが、新自由主義や支配体制に矛先をむけるのではなく、すべて自分の責任だとかんがえてくれることが、もうけのシステムを維持するために必要なのです。

新自由主義が信奉する「神の見えざる手」の正体とはなんでしょうか。

ノーベル経済学賞を受賞したアメリカの経済学者、ジョージ・A・アカロフとロバート・J・シラーは共著『不道徳な見えざる手』のなかで、一九八〇年代に人びとをギャンブル用スロットマシンの中毒にし、大もうけしたビジネスマンたちを例にあげ、資本主義は自由にまかせていれば、神の見えざる手によって均衡するというようなものではない、野方図な自由市場とは、人の弱みにつけ込み、もうけを上げる「釣り師がカモを釣る競技場」である、と断罪しました。

市場経済は「神の見えざる手」ではなく、どん欲な釣り師の「不道徳な見えざる手」によって支配されているというのです。

釣り師がつられたカモに「釣られたのはおまえがバカだからだ」といい、釣られなかったカモは釣られたカモに「釣られたのはおまえがマヌケだからだ」という。みんなで釣られたカモの自己責任だけを問うことになれば、人の弱みにつけこんだ釣り師の悪徳は永遠に免罪されることになってしまいます。

二〇一八年六月、わたしは兵庫県加古川市での選挙応援のあと、新幹線に乗るまえに昼食をとろうと姫路駅近くの定食屋さんのようなお店にはいりました。店内をみわたすと、なんとそこは昼間からみんながお酒を呑んでいる「昼呑み」のおでん屋さんでした。

ま、いいかとおもい、カウンター席にすわると、となりの六〇代後半くらいの「おっちゃん」がシワだらけの顔でコップ酒をすすりながら、競馬新聞に赤ボールペンで印を入れていました。

ちょうど公営ギャンブルにかんする国会質問を準備していたときだったので、競馬の実際のしくみを教えてもらおうと、「当たりそうですか?」と声をかけると、競馬のことより、「おっちゃん」の人生をえんえん聞かされるはめになり、東京へもどる新幹線も一時間遅らせることになってしまいました。

「競馬にはまらんかったら、いまごろは一人娘と一緒に暮らしてた」。

「わかってても、やめられへん。アホやねん」。

人は誰でも弱いところがあります。その弱さにつけこまれた方がわるいのか、つけこむ方がわるいのか。

自分をもっと強くもってほしいけれど、政治というものは、やはり人の弱さにつけこむ方をただすべきだと、酔いがまわって少し眠そうな「おっちゃん」をみておもいました。

（2）くずれる立法事実

「アベ化」する公明党

いまから二年前（二〇一六年）、自民、公明、維新などの国会議員でつくる「カジノ議連」（国際観光産業振興議員連盟）は、カジノ解禁への突破口として「カジノ解禁推進法」の成立をめざしました。

「解禁推進法」は、政府にたいしカジノ解禁の具体的検討と法整備をもとめる議員立法で、二〇一六年一二月、衆参あわせてわずか二〇時間の委員会審議で、自民、維新などの賛成多数で強行成立させられました（公明は「自主投票」）。

今回の「カジノ実施法」はその「解禁推進法」の要請にもとづいて作成されたものです（表1—1）。

公明党は、「解禁推進法」のときは、カジノ反対の国民世論や支持母体である創価学会内部のカジノにたいする拒否感をふまえ、自主投票にして山口那津男《なつお》代表をはじめ幹部らは反対しました。本会議場で反対票を投じる山口代表の姿に議場の反対派から拍手がおこりました。

表1―1　カジノ法の2段構造

第1段階　カジノ解禁推進法

①国にカジノ設置区域整備促進の責務
②政府の責任で実施のための法制度整備
③首相を責任者に推進本部を内閣に置く

推進法施行後1年以内

第2段階　実施法

カジノの設置基準、規制策等を決定

ところが、今回の「実施法」は公明党全員が賛成です。

その理由を山口代表は「国会が（解禁推進法で）政府に実施法を作れと命じた。国会の意思に従い成立を図るのが政府・与党の責任だ」（一六年六月一九日、山口代表記者会見）とのべています。

しかし問われているのは、そういう手続きのはなしではなく、カジノ解禁にたいする政党としての姿勢です。

その法律の必要性や正当性を根拠づける社会的な事実を立法事実といいます。「解禁推進法」の立法事実がおかしいと判断したから、山口代表らは反対したのではなかったか。

安保法制、「戦争法」のときもそうでしたが、最初は慎重姿勢をしめしながら、けっきょく政権に執着して「アベ法案」に賛成する、どんどん「アベ化」していく公明党にはあきれるばかりです。

アメリカ企業から金をもらって立法か

二〇一八年七月、「カジノ実施法」が参議院で審議に入るやいなや、「解禁推進法」の提案者だった自民党や維新の会の衆議院議員が、アメリカのカジノ企業関係者から、脱法的な資金提供をうけていた疑惑が浮上しました。

『週刊文春』（一八年七月一九日号）によれば、アメリカの大手カジノ運営企業「シーザーズ・エンターテインメント」が日本進出のためのアドバイザーとしている人物の会社が、「カジノ議連」の幹部にパーティー券購入のかたちで資金提供をおこなっていました。

表１—２　「カジノ解禁推進法」の国会答弁者の５議員と、アメリカのカジノ関連企業のアドバイザーにパーティー券を購入してもらった金額

細田博之（自民）	議連会長（４万円）
岩屋毅（同）	幹事長（74 万円）
西村康稔（同）	事務局長（当時）（２万円）
小沢鋭仁（維新）	副会長（30 万円）
松浪健太（維新）	副幹事長（２万円）

（出所）『週刊文春』2018 年 7 月 19 日号。

表1―2は、「カジノ解禁推進法」の提案者であり、国会審議では答弁者にもなった「カジノ議連」幹部五人と、パーティー券を購入してもらった金額です。

この三、四年、日本のカジノ市場への参入をねらってアメリカの大手カジノ企業による日本の国会議員や地方自治体にたいするロビイ活動（政界工作）が活発化しています。

「カジノ議連」の幹部たちに資金提供をしたのは、「シーザーズ・エンターテインメント」の関係だけだとは到底かんがえられません。また「シーザーズ」もこれ一回とは限りません。

前述のように、その法律の必要性や正当性を根拠づける社会的な事実を立法事実といいますが、政府が「カジノ実施法」の立法事実としてあげたのは、観光振興や経済活性化でした。

しかしほんとうは、カジノ解禁で利益をうるアメリカ企業からお金をもらい、その企業の利益になるような議員立法を立案していたとしたら、受託収賄にもつながる重大疑惑であり、「カジノ実施法」の立法事実はくずれます。

げんに二〇一六年一二月に「解禁推進法」が成立した直後、アメリカのカジノ運営企業などでつくる「アメリカ・ゲーミング協会（ＡＧＡ）」は「法案成立を歴史的成果として評価する」と大歓迎の声明をだし、「日本の政治家とメディア、関係者を教育してきたＡＧＡの努力の成果」だとまで公言していました。

しかしＡＧＡなどのうごきは、アメリカの司法当局もきびしく監視をしています。

アメリカ合衆国の連邦法である「海外腐敗行為防止法」（ＦＣＰＡ）には、「賄賂禁止規定」があり、国内企業が外国の公務員、政党、もしくは候補者にたいし、事業上の便宜をはかってもらう目的で金銭その他の利益をもたらすことをきびしく禁じています。直接、外国公務員等に賄賂を支払うことはもちろん、第三者（仲介エージェント、アドバイザー等）をつうじて間接的に支払うことも禁じています。

また「海外腐敗行為防止法」は、利益供与の額がたとえ少額であっても処罰するとしており、金額の多寡《たか》よりも行為そのものをきびしく取り締まるものとなっています。

とくにカジノ業界には、司法省と証券取引委員会が連携して常時、監視の目を光らせており、今回のパーティー券問題もアメリカ側からの情報リークではないかといわれています。

日本の政治資金規正法でも、外国人または外国企業からの寄附は禁じられています。外国企業などがお金の力で日本の立法過程や行政をゆがめることのないようにするためです。パーティー券購入に規定はありませんが、外国企業が日本のアドバイザーなどロビイストを介在させ、政治家などにパーティー券購入という形で資金提供をすることは、政治資金規正法の趣旨からしても違法性が高い行為です。

一八年七月一二日の参院内閣委員会で西村康稔《やすとし》官房副長官をよび、この問題をただしました。西村氏は、「シーザーズ・エンターテインメント」のアドバイザーをしている人物と面識があり、パーティー券購入は事実であることを認めました。

わたしは「いま審議している『カジノ実施法』の母体である『解禁推進法』の提出者が、特定の事業者から利益供与をうけていた重大疑惑が浮上しており、『実施法』の審議の前提として事実関係を明らかにしなければならない」と主張し、内閣委員会として、西村、細田、岩屋三氏の

図1—1　カジノ解禁にうごめく企業

日本進出をめざす米国カジノ資本

- ラスベガス・サンズ
- MGMリゾーツ・インターナショナル
- ウィン・リゾーツ
- シーザーズ・エンターテイメント
- ハードロック・インターナショナル

カジノ関連企業

セガサミー	日本金銭機械
コナミ	テックファーム
グローリー	オーイズミ
エンゼルプレイングカード	
ユニバーサル・エンターテイメント	
マツイ・ゲーミング・マシン	
ピクセルカンパニーズ	

ゼネコン、金融機関など

大　林　組	IRプロジェクトシーム設置
鹿島建設	リゾート・ワールド・セントーサ(シンガポール)で建設実績
三井住友銀行	マリーナベイ・サンズ(シンガポール)に融資実績

参考人招致、過去五年間にさかのぼって三氏へのカジノ関連企業からの政治献金、パーティー券購入の有無、金額を調査するようもとめました。

柘植《つげ》芳文《よしふみ》・内閣委員長は「理事会で協議する」と答えたものの、疑惑の解明に一歩も踏みだすことなく審議を強行、そのわずか八日後、自民、公明と維新は数の力で「カジノ実施法」を可決成立させました。

ことは立法事実にかかわる問題です。アメリカの企業から日本の政治家への資金提供疑惑にふたをしたまま「カジノ実施法」を施行させるなど、絶対に許されるものではありません。

またカジノ解禁でもうかるのは、ゲーム機器などの関連企業や、カジノ建設にかかわるゼネコンです。図1—1にしめしたような企業は、「カジノ実施法」が国会で可決されるにともない株価が上昇しています。

カジノ利権にかかわる日本の政官財癒着《ゆちゃく》についても、監視していく必要があります。

観光振興にカジノはいらない

安倍首相は、カジノ解禁を「外国人観光客を増やし、観光振興の目玉にする」とのべ、二〇一〇年に大規模なカジノを開設して観光客を増やしたシンガポールを成功例としてあげてきました。

しかし、カジノのあるシンガポールより、カジノのない日本の方が、外国人観光客は何倍にも増えています（図1―2）。

二〇一一年から一七年の推移をみると、シンガポールの外国人観光客の増加率は、増えたといっても一三二%。カジノのない日本は四六一%。カジノ誘致に手をあげている大阪が七〇二%です。おなじく誘致に名乗りをあげている北海道が四八九%、長崎は二六八%です。どこも、カジノがあるシンガポールよりも外国人観光客を何倍にも増やしています。

数字からもあきらかなように、日本の観光振興にカジノは必要ありません。

とばく場などつくらなくても、日本の食文化、ショッピング、文化遺産、観光地など日本観光の魅力をさらに高めアピールしていけば、今後も外国人観光客を増加させることは十分可能です。

図１―２　外国人観光客の増加率
（日本とシンガポールの比較）

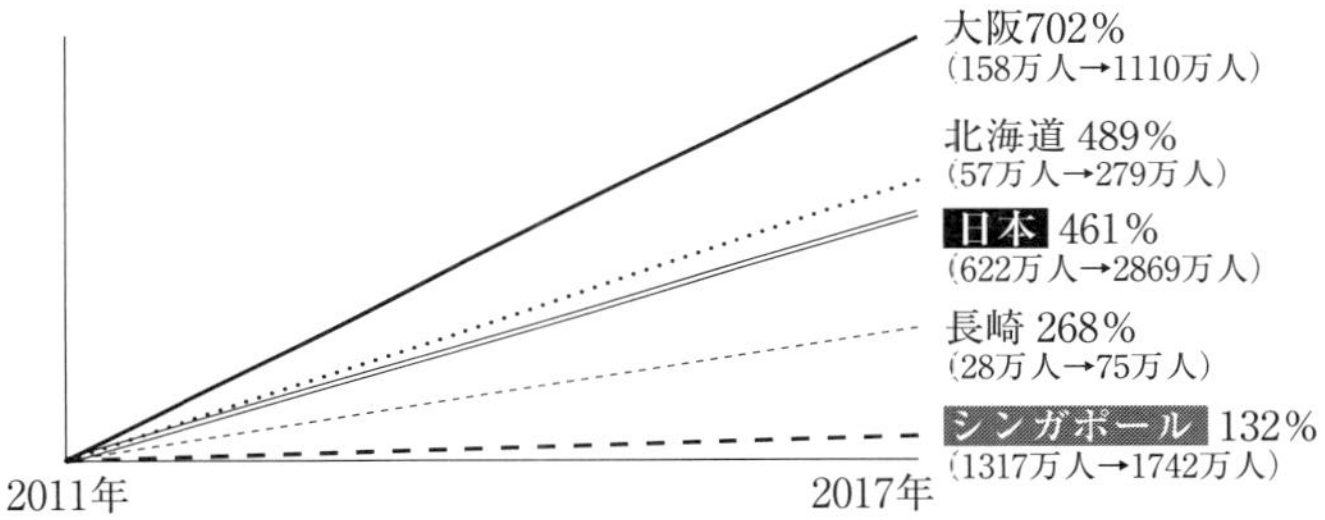

（注）　長崎県は外国人延べ宿泊者数、他は訪問外国人観光客数。
（出所）　観光庁資料、各都道府県資料、シンガポール「Annual Report on Tourism Statistics 2016」。

わたしのこの指摘にたいし、安倍首相は「たしかに外国人観光客は増えているが、カジノをふくむIRでさらに増やしたい」と答弁しました（一八年六月二五日、参院予算委員会）。

これは外国人観光客をとばく場に呼びこみたいといっているのとおなじです。

政府は、外国人観光客にたいする「おもてなし」を強調してきましたが、カジノでお金を巻きあげることのどこが「おもてなし」といえるのでしょうか。

しかもカジノ解禁は、地域の観光振興に寄与するどころか、かえってマイナスです。

その問題点の第一は、カジノの「囲い込み」戦略です。

大阪の夢洲《ゆめしま》、北海道苫小牧、長崎県佐世保市・ハウステンボスの具体的な集客計画をみると、どこも高速船やBRT（バス高速輸送システム）などで空港から直接カジノに客を誘導する、いわゆる「囲い込み」戦略をかかげています。

たとえば大阪は、関西空港から夢洲まで直接、観光客をはこぶ高速船を運航する予定で、すでに船着場の位置まできめています。来日した外国人が空港に着くなりそのままカジノに誘導され、すってんてんにされたら、大阪観光に使うお金などなくなってしまいます。そのまま泣き泣き帰国する人もいるでしょう。地域で消費にまわるはずだったお金がカジノに吸いあげられてしまうわけです。

アメリカや韓国の例をみても、カジノを誘致しても、お金が落ちるのはカジノだけで、周辺地域の経済には貢献しない。むしろ地域経済をさびれさせるものになっています。日本でもおなじ現象がおきることはまちがいありません。

ところが公明党の石井啓一「カジノ担当大臣」は、国会答弁のなかで、カジノにきた外国人観光客を全国各地に「送客」するから、日本の観光振興に寄与するとさかんに宣伝していました。いったいなんのことか、事務方にくわしく聞いてみると、具体策はなにもなく、カジノ施設のなかに、「観光案内コーナー」を設置してチラシをおく程度のはなしでした。あまりにも国民をばかにした大臣答弁ではないでしょうか。

第二の問題点に、カジノが日本各地の観光イメージをこわしてしまうということがあります。人が知らない町へ旅をしようとおもうのは、その町のもつイメージに魅かれるからです。観光地にとって人びとにどんなイメージをもたれるかはとても大事なことです。

ラスベガスといえばカジノ、マカオといえばカジノとだれもがイメージするように、もしも北海道にカジノがつくられれば、「北の大地」から「カジノの大地」とよばれるようになるでしょう。佐世保のハウステンボスもカジノをつくったとたん、「カジノテンボス」とよばれるようになるでしょう。いままで主流だった家族連れや女性のグループ客を遠ざけるのはまちがいありません。

大阪は、この間、観光地としての魅力を急速にアップしてきました。

大阪城の訪問者数は、この五年間で一〇〇万人以上増えて約二六〇万人となり、その半数は外国人観光客です。家族みんなで楽しめるテーマパークである「ユニバーサル・スタジオ・ジャパン」（USJ、大阪市此花《このはな》区）も訪問外国人の数が三年で倍増し、二〇〇〇万人を突破しています。USJの推移をみても、大阪をおとずれる外国人観光客は家族連れが中心です。

その大阪に世界最大規模の巨大カジノをつくれば、家族連れでいきたい、親しみのある大阪のイメージがこわされ、「とばくの町、大阪」という名前がいっぺんに世界中に知れわたるでしょう。

かつて橋下徹・元大阪市長が「こんな猥雑《わいざつ》な街、いやらしい街はない。（だから）ここにカジノを持ってきて、どんどんバクチ打ちを集めたらいい。風俗街やホテル街、全部引き受ける」

（二〇〇九年一〇月二六日、大阪市内、企業経営者ら七五〇人への講演）と勝手なことをいいましたが、ほんとうに「猥雑な街」というイメージを世界の人びとに与えてしまうでしょう。

あるいは日本共産党の清水ただし前衆院議員が国会で指摘したように、「食い倒れの町」から「行き倒れの町」とよばれるようになるかもしれません。

いちど壊されたイメージを回復するのは並大抵のことではありません。カジノ誘致は、地域観光の「百年の計」を大きく誤らせるものとなるでしょう。

（3）究極の売国法

ターゲットは日本人

しかし、カジノのほんとうのターゲットは外国人観光客ではなく日本人です。

大阪、北海道、長崎の各自治体の「集客見込み」をみると、どこも同じように七五％から八〇％が日本人になっています。

なぜ、どこも日本人客が圧倒的多数になっているのか。

それはこの「集客見込み」をつくったのが、各自治体ではなく、アメリカをはじめとする海外のカジノ企業だからです。

わたしはこの三地域の自治体の職員からヒヤリングをうけましたが、当然のことながら、カジノについてはまったくの素人ばかりでした。

この方々はカジノ誘致計画をつくるにあたり、じっさいにカジノを運営している海外企業数社から「提案書」をだしてもらい、それをもとに「計画」をつくってきたのです。

そのことからもわかるように、日本でカジノの運営をになうのは、経験やノウハウをもった海外カジノ企業になるのは確実です。

つまり七五％から八〇％が日本人というのは、なにか客観的な根拠があって自治体が独自に算定したものではなく、海外のカジノ企業が、じぶんたちが運営をまかされたときの「集客目標」なのです。ひらたくいえば、「日本でカジノを開業するなら、日本人をターゲットにしたものでなければもうからない」という、海外カジノ企業のホンネがそこにしめされているということです。

海外カジノ企業といっても、日本への影響力をかんがえると、アメリカの企業が日本のカジノを運営するのは、ほぼまちがいないでしょう。

したがって、日本人から吸い上げたお金をアメリカ企業に提供する、これが「カジノ実施法」

の本質です。

事実、日本進出をめざすアメリカのカジノ企業の投資家むけセミナーなどでは、日本人が巨額の個人金融資産をもっていることを最大の理由に市場の「有望性」が語られています。

とくに狙われているのは高齢者の老後の資金です。

じっさい海外のカジノでは、高齢者が年金や貯めてきた資産をギャンブルにつぎ込んで自己破産するケースが増えています。

二〇一七年一〇月、ラスベガスで死者五九人、負傷者五〇〇人以上というアメリカ史上最悪の銃乱射事件がおきました。

事件直後に自殺した犯人のスティーブン・パドック（当時六四歳。会計士やマンション経営をしていたとされる）は、保有していた約一五〇〇万ドル（約一億六六〇〇万円）をカジノで使い果たし、多額の借金までかかえていました。地元警察は、経済的な困窮が事件につながった可能性があると指摘しています。

厚労省研究班の調査では、日本の現在のギャンブル依存症の約四割は五〇歳代以上と推計されています。時間があり、退職金や老後の蓄えをもっている高齢者がパチンコなどのギャンブルにはまって全財産を使い果たし、借金まで重ねて家庭崩壊、自己破産にいたるケースはいまでもたくさんあります。

表１—３　米国カジノ資本＝ラスベガス・サンズの株主構成
（もうけのほぼ100％がアデルソン一族に還元）

2012〜17年の株主配当の合計159億ドル

株主名（beneficial owner）	比率
S. アデルソン	10.0％
M. アデルソン（S. アデルソンの妻）	41.6％
信託（S. アデルソン、他）	16.4％
Irwin Chafetz（S. アデルソンの受託者）	32.0％

（出所）　ラスベガス・サンズ会計報告書（Form 10-K）から鳥畑与一静岡大学教授作成。

パチンコの何十倍ものお金を賭け、ギャンブル性も比較にならないほど高いカジノが解禁されたら、「老後破産」がいっきに増えるのはまちがいありません。

日本人から巻き上げたお金のゆくえは

日本人を破産にまで追いこんで巻き上げたお金はどこに行くのでしょう。

静岡大学の鳥畑与一《よいち》教授は、衆院内閣委員会（二〇一八年五月三一日）の参考人質疑において、アメリカのラスベガス・サンズを例に、カジノの利益のほとんどはアメリカの一部のファミリー、投資家に還元されるということを指摘しました。

表１—３は、鳥畑教授が試算したラスベガス・サンズの最新の株主構成です。

「カジノ実施法」では、カジノの粗利益の三割は国や自治体に納付しますが、のこりの七割はカジノ企業のふとこ

ラスベガス・サンズのS. アデルソン会長［©ZUMA Press/amanaimages］

ろにはいります。そこから経費などを差し引いた純利益は内部留保と配当にまわるわけですが、ラスベガス・サンズの場合、配当のほとんどをアデルソンファミリーが独占することになります。

日本人から吸い上げたお金をアメリカの一ファミリーや大投資家が独占する、こんな売国的なはなしは聞いたことがありません。

日本人をターゲットにカジノでもうけるため、アメリカのカジノ企業は「カジノ実施法」の策定にも介入してきました。

カジノ面積の上限規制も、アメリカのカジノ企業の要求により緩和されたのです。

二〇一七年九月一日、松井一郎大阪府知事、吉村洋文大阪市長とアメリカのラスベガス・サンズのアデルソン会長が会談をしていますが、その時にあけすけに語られていました。

アデルソン会長は、当時のＩＲ推進会議のカジノ施設の面積規制案（上限一万五〇〇〇平米）にたいし、「これでは我々がのぞんでいたようなカジノを実現できない。面積上限がもうけられれば、投資額は五〇億ドル以下に抑えざるをえないが、規制があらためられれば、大阪のような大都市で一〇〇億ドル（約一兆一〇〇〇億円）規模の投資を行う用意がある」とのべたと報じられたのです。

カジノ規制を緩和しなければ、投資を減らすという露骨なおどしです。

その後、じっさいに、当初の政府原案にあったカジノ面積の上限規制は撤廃されてしまいました。

政府はカジノの面積をＩＲ施設全体の三％以内に規制するといっていますが、シンガポールの巨大カジノの例などをみても、三％以内の面積で大きな収益をあげていますから、なんの規制にもならないことはあきらかです。

また法律の詳細を三三一もの政省令にゆだねています。政令や省令は法律とちがい、国会の審議なしに政府が定め、政府の判断で改正することができます。法案ではカジノ運営の詳細にはふれず、政省令で定めることにしたのは、あとでカジノ企業がやりやすいような規則をつくるためにほかなりません。

海外カジノ企業にこれほど配慮した、露骨な売国法案は、いままで見たことがありません。

カジノ解禁をまえにすすめたのはアメリカ

日本におけるカジノ解禁をもとめるうごきは、一〇年以上前からあり、自民、民主、公明、維新などの議員による「カジノ議員連盟」が活動をしてきました。

その背景には、カジノ解禁でもうかるスロットマシンなどのゲーム機器業界やカジノ建設をになうゼネコン業界の要望などがありました。

また地域の経済界や自治体によっては、カジノが地域振興につながると真剣におもいこみ、国会議員に実現をはたらきかけていたところもあります。

なかには大阪の維新のように、ベイエリア開発に失敗した「負の遺産」をカジノ誘致で打開しようと画策する人たちもいました。

しかし、国民のカジノにたいする根強い拒否感がしめされるもとで、日本共産党の国会での追及もあり、カジノ解禁のための立法提案は、なかなか前にすすみませんでした。二〇一一年の民主党政権下での「被災地カジノ計画」もとんざし(後述)、「カジノ議連」も開店休業状態がつづきました。

ところが、二〇一二年一二月に第二次安倍内閣が発足し、カジノ解禁にむけたうごきが再スタートします。

二〇一三年四月には、元官房長官である細田博之・自民党幹事長代行（当時）を「カジノ議連」の会長にすえて活動を活発化させていきます。しかし当初はまだ、政府与党にとってカジノ解禁は最優先課題ではありませんでした。

当時、麻生太郎財務大臣は「カジノ議連」の最高顧問に就任していたのですが、閣僚が犯罪であるとばくの合法化に関与するのはいかがなものか、というわたしの指摘にたいし、あっさり最高顧問を辞任しました。

安倍首相もおなじく最高顧問をしていたので、「多重債務問題や依存症対策、青少年の健全育成などの総責任者である首相がカジノ議連にいることはふさわしくない」とわたしが指摘すると、安倍首相は「ご指摘はごもっともなので、最高顧問をやめさせていただく」とその場で応じる一幕もありました（二〇一四年一〇月八日、参院予算委員会）。

自民党内にもカジノ解禁に懐疑的な議員が存在し、事実上のカジノ反対派のあつまりである「依存症問題を考える議員懇談会」を、日本共産党にもよびかけて結成したこともありました。

ところが二〇一五年に入ると、アメリカの大手カジノ企業が日本進出にむけて本格的なうごきを開始します。日本にエージェント（代理店）をおき、アドバイザー企業とも提携して、政界工作や自治体への営業活動を活発化させてきたのです。

アメリカのカジノ企業にとって、日本は「有望市場」です。

たとえばラスベガス・サンズは、アメリカ国内のカジノ市場が過当競争におちいるなか、マカオやシンガポールなどアジアに進出することで売り上げを伸ばしてきました。ラスベガス・サンズの売り上げ構成比（カジノ収益以外もふくむ）をみると、マカオ五九％、シンガポール二四％、アメリカ一七％となっています。しかしマカオも中国の動向によっては今後の展開が不透明です。そこでつぎのターゲットとしてねらいをさだめたのが日本でした。

欧州の格付け機関「フィッチ・レーティングス」は、日本で大阪や横浜市でカジノを開業した場合、その企業は年間売上高が少なくとも七〇億ドル（約八〇〇〇億円）程度になるという試算を打ちだしました。つまり日本の大都市部でのカジノなら、一〇〇億ドル（約一兆一〇〇〇億円）規模の投資をしても数年で回収できるということです。

この「有望市場」に参入しようと、サンズ以外にも、ウィン・リゾーツ、MGMリゾーツ・インターナショナル、シーザーズ・エンターテインメントなどのアメリカの大手カジノ企業が日本の政界工作を強めてきたのです。

アメリカのカジノ解禁へのうごきが攻勢的になるにしたがい、安倍首相もカジノ解禁に本腰をいれるようになります。

「カジノ解禁推進法」は議員立法であり、国民の反対も根強いことから、国会では内閣提出の法案審議が優先され、二〇一六年秋の臨時国会までは、国会のたびに廃案になるか、後まわしにされて一度も審議されないかのくり返しでした。

ところが、この臨時国会では、わざわざ会期を延長してまで「カジノ解禁推進法」を強行したのです。

それまではカジノ解禁に反対だった「依存症問題を考える議員懇談会」の自民党議員も、賛成票を投じていました。採決のあとでその議員に「なぜ賛成したのか?」と聞くと、「官邸の指示だから仕方ないんだ」と苦痛な面持ちで答えたことをいまでもおぼえています。

「カジノ解禁推進法」成立を手土産に訪米した安倍首相を歓迎するトランプ大統領（2017年2月）［外務省ホームページより］

とうとうカジノ解禁は、「議連マター（matter＝管理する事柄）」から、「総理マター」になったのだとそのときおもいました。

そのあと「依存症問題を考える議員懇談会」も消滅してしまいました。

「シンゾウ、こういった企業を知っているか」

翌年の二〇一七年二月、安倍首相は「解禁推進法」成立を手みやげにアメリカを訪問しています。

「日経」（二〇一七年六月一〇日付）は、そのときの様子をつぎのように伝えています。

安倍晋三首相（右）に質問する塩川鉄也議員
（2018 年 6 月）［赤旗］

「『シンゾウ、こういった企業を知っているか』。米国で開いた（一七年）二月の日米首脳会談（でのこと）。トランプ大統領は安倍晋三首相にほほ笑みかけた。日本が取りくむＩＲ整備推進法案を歓迎したうえで、米ラスベガス・サンズ、米ＭＧＭリゾーツなどの娯楽企業を列挙した。政府関係者によると首相は聞き置く姿勢だったが、隣の側近にすかさず企業名のメモを取らせた」。

二〇一八年六月一日の衆院内閣委員会で、日本共産党の塩川鉄也衆院議員は、安倍首相にたいしこの記事について事実関係をただしましたが、首相は「トランプ大統領からそんな話はなかった」と否定しました。

さらに塩川議員は、この首脳会談当日の全米商工会議所・米日経済協議会共催の朝食会にラスベガス・サンズ会長、ＭＧＭリゾーツの会長、シーザーズ・エンターテインメントのＣＥＯなど、カジノ企業のトップが出席していたことをあげ、「日本のカジノについての要望をきいたのではないか」と追及しました。

首相は、自身が、成立したばかりの「カジノ解禁推進法」を紹介し、カジノ企業トップからは課題解決に協力すると意見があったことを認めたものの、「要望等は一切なかった」と否定しました。

しかしその後、塩川議員にたいする安倍首相の答弁の真偽が問われる事実が発覚しました。一八年一〇月一〇日、アメリカの調査報道サイト「プロパブリカ」は、トランプ大統領が一七年二月に安倍首相と会談した際に、トランプ氏を支持するラスベガス・サンズと少なくとももう一つの米カジノ企業（ＭＧＭリゾーツまたはウイン・リゾーツとの情報あり）の名前をあげ、日本のカジノ市場へ参入するためのライセンスを与えるよう強くもとめたと報じました。

「プロパブリカ」によると、トランプ大統領と安倍首相はホワイトハウスでの首脳会談を終えたあと、フロリダ州にある高級別荘「マールアラーゴ」に移動し、週末を過ごしました。この別荘での会談について知る二人の人物によると、トランプ大統領はラスベガス・サンズなどの日本進出について話を持ちだし、安倍首相にライセンスの交付を考えるべきだと迫り、安倍首相は「情報提供に感謝する」と答えたといいます。

トランプ大統領がじぶんの支援者のために日本の首相に「口利き」をしたとしたら、きわめて異常な事態です。安倍首相の説明責任があらためてきびしく問われます。

「中日新聞」元ニューヨーク支局長でジャーナリストの北丸雄二氏は「カジノ法案は、安倍首相からトランプ大統領への〝貢ぎ物〟でしかない。（トランプ大統領への）最大の献金者であるカジノ王こと、『ラスベガス・サンズ』のアデルソン会長の意向に沿ったものだ」とのべています（インターネットサイト「日刊ＳＰＡ」二〇一八年七月一〇日）。

北丸氏が指摘するとおり、サンズのアデルソン会長は、トランプ大統領の最大の後援者であり、大統領選では四〇億円もの資金援助をし、二〇一八年秋の中間選挙でも共和党に資金提供を約束していると報じられています。

そのサンズ会長が、日本のカジノ解禁と市場参入を熱望しているのです。

トランプ大統領にとって、日本のカジノ解禁に決着をつけることは、中間選挙でのアデルソン会長の資金援助にこたえることになります。

トランプ大統領の歓心を買いたい安倍首相が、「カジノ解禁推進法」の成立を急いだとしても不思議ではありません。

カジノで経済効果を論じるな

政府や自民、公明、維新の議員は、カジノの経済効果をさかんに宣伝してきました。

しかし、カジノは人のお金を巻きあげるだけで、付加価値をうまないゼロサムゲームです。そもそも、経済効果をうんぬんするようなシロモノではないのです。

とばくが刑法で禁じられている理由は、最高裁の判例にもあるとおり、「国民に怠惰浪費の風潮を生じさせ、勤労の美風を害するばかりでなく、副次的犯罪を誘発し、または国民経済の機能に重大な障害をあたえるおそれがある」からです。つまり経済効果どころか、経済に悪影響をおよぼすから、いままで禁止されてきたのです。

だいたい、ギャンブル依存症を増やせば増やすほどもうかる、人の不幸の拡大を前提にしたビジネスなど、ふつうの経済活動の範疇《はんちゅう》に入れるようなものではありません。

カジノやIR施設をつくるときの建設投資が大きな経済効果をうむという人がいます。たしかにカジノ建設で一時的に仕事と雇用が発生するでしょう。しかし、これは社会全体からみるとどうなのかを考えなければ大きなまちがいになります。カジノ建設のために支払われた工事費や賃金は、あとからカジノ事業者が利益を上乗せしてカジノ事業で回収します。すなわち人に支払った分を人から巻きあげるわけですから、差し引きすれば新たな経済効果はうみません。もうかるのはカジノ事業者だけです。

カジノが開業すれば、地域で雇用が増えると主張する人もいますが、カジノで雇われた人の何倍もの人の人生が、ギャンブル依存症、借金苦、自己破産、離婚、家庭崩壊、犯罪などで壊されることを想像すべきです。

どうしても、経済効果を論じたいなら、少なくとも、カジノで生じるマイナスの影響、すなわちギャンブル依存症対策費用や倒産、失業、自己破産、生産性の低下などの社会的損失、コストもあわせてモノをいうべきです。

二〇一八年五月三一日にひらかれた衆院内閣委員会の参考人質疑では、日本弁護士連合会の新《に》里宏二《さとこうじ》・カジノ・ギャンブル問題検討ワーキンググループ座長が、カジノの負の影響が検討されていないことを指摘し、韓国ではギャンブル産業による売上高が、〇九年に一六・五兆ウォンだったが、他方、とばく中毒者らにたいする年間総社会・経済的費用が、ギャンブル売上高の五倍近い七八兆ウォンにのぼったことを紹介しています。

鳥畑与一・静岡大学教授は、著書『カジノ幻想』のなかで、カジノの社会コストに加え、「カニバリゼーション」(cannibalization = 共食い) という重要な視点を提起しました。「カニバリゼーション」はビジネスの世界では、自社のある商品が売れることによって、自社のべつの商品の売り上げが減少するという「共食い」現象をさすことばとしてつかわれてきました。

鳥畑教授によれば、カジノ・ギャンブルは賭けをつうじたポケットからポケットへのお金の移動でしかなく、アメリカでは、カジノ開業により既存の宝くじなどのギャンブルの売上や周辺地域での消費減少といった「カニバリゼーション」が発生したとのこと。つまり、特定の経済圏(国または地方自治体等) 内の顧客によるカジノ・ギャンブルは、その経済圏内での所得の移転でしかなく、カジノの繁栄はその周辺の経済活動を犠牲にしたものにすぎないということです。

日本でも、カジノを誘致したある自治体の住民の所得がカジノに吸収された結果、地元での消費や税収が減少することは十分かんがえられます。政府与党がいう経済効果はこの点をいっさい考慮していません。

カジノ設置の問題点について鳥畑教授の講演を聞く参加者（長崎県佐世保市）［赤旗］

二〇一八年七月一三日の参院内閣委員会に参考人として出席された鳥畑教授は、アメリカ議会では超党派の「国家ギャンブル影響度調査委員会」が社会コストも調査し報告（一九九九年）するなど、カジノ合法化を議論するときはマイナス面もふくめて、正確な情報を地域社会、住民に提供し最終判断をゆだねるというすすめ方がスタンダードになっていることを紹介されました。

じっさい一五年四月、ニューハンプシャー州では、表面的な経済効果だけでなく、社会的コストについても評価をした結果、カジノ合法化が議会で否決されています。

日本政府も、一度はカジノの社会コストを調べようとしたことがあります。一五年一〇月のことです。内閣府がカジノに関する「海外事例調査」を発表しました（調査実施者は、あずさ監査法人）。そのなかで「カジノ運営に起因する正負の影響評価」として、経済効果だけでなく社会コストについても、いちおう言及しています。

ところが今回の「カジノ実施法」の審議にあたって政府は、なんの具体的な数字もしめさず、ただ経済効果があるとの一点張りで、社会コストについての調査も拒否しました。国民にたいし出来るかぎりの情報を提供して判断をあおぐという姿勢がまったくなく、真相を知られないうちに早く法案をとおしてしまいたいという姑息な姿勢が露骨にあらわれていました。

鳥畑教授とともに七月一三日の参院内閣委員会に参考人として出席された、阪南大学の桜田照《てる》雄《お》教授は、マカオの「ベネチアン・マカオ」というカジノを例につぎのよう、指摘されました。

「法案の審議を通じて立法府が考えなければならないことは、（ベネチアン・マカオが）二千八百三十五億円もの収益を生み出していることではなく、人びとが四兆円を超える金額をカジノ（ベネチアン・マカオ）に投じている、そういう事実ではありませんか。つまり、『カジノ実施法』は経済効果や経済政策のレベルで議論されるべきではなく、日本社会がどうとばくに向き合うのかという論点ではないでしょうか」。

経済効果よりもっと大事なことを国会は考えろ、と桜田教授は与党や維新の議員たちを叱責されたのです。この発言には、与党のなかにも、うなずく議員が何人もいました。

（4）違法性の阻却《そきやく》

法務省がしめした八つの要件

通常、違法行為とみなされているものでも、特別な事情や正当な理由があることにより、違法行為とみなさないことを、違法性を阻却するといいます。阻却とは、しりぞけるという意味です。

「カジノ実施法」は民営とばくを歴史上はじめて合法化しようというものですから、この論理がつかわれました。

それだけに、いままで違法とされてきた民営とばくがどうして違法性を阻却できるのか、このことが法案審議の最大の焦点でした。

法務省は、従来、競馬や競輪などの公営ギャンブルにかかわる特別立法にあたっては、つぎの八点を要件（考慮要素）としてきました。

① 目的の公益性（収益の使途を公益性のあるものに限ることも含む）
② 運営主体等の性格（官又はそれに準じる団体に限るなど）
③ 収益の扱い（業務委託を受けた民間団体が不当に利潤を得ないようにするなど）
④ 射幸性の程度
⑤ 運営主体の廉潔性（前科者の排除等）
⑥ 運営主体への公的監督
⑦ 運営主体の財政的健全性
⑧ 副次的弊害（青少年への不当な影響等）の防止

つまり、この八要件をクリアすれば、そのとばく行為は違法性を阻却している、すなわち合法であると判断してきたのです。

今回の民営とばく、カジノが違法性を阻却しているかどうかも、この八要件にもとづいて厳格に検討されるべきでした。

まずこの八要件がなにを意味するのか、とばくにおける違法性の阻却がどう議論されてきたのか、かんたんにその経過をふりかえります。

公営ギャンブルはなぜ合法か?

第二次世界大戦後、戦災からの復興支援や地方自治体の財源難を理由に、競馬、競輪、競艇、オートレースなどの公営ギャンブルがそれぞれの特別法によって、刑法上の違法性を阻却され、つぎつぎと実施されていきます。

違法性が阻却されるうえで、一番重視されたのは、八要件の一番目である「目的の公益性」、すなわち「収益の使途を公益性のあるものに限ること」でした。

公営ギャンブルの収益は、自治体の収入になって住民サービスに使われたり、産業振興など公益性のあるものにふりむけられたりしてきました。

高度成長のもと、レジャー・ブームがおこり、公営ギャンブルも大盛況となりますが、いっぽうでギャンブル依存症による生活破たんや青少年への悪影響などから公営ギャンブルに反対する世論が高まります。

また八百長騒動や騒乱事件もあいつぎました。

一九五九年（昭和三四）六月、千葉県松戸競輪場において、本命の選手が着外になったことから、八百長だと大騒ぎになり、施設を破壊するなどの暴動が発生（松戸競輪場事件）。主催者側が騒いだ客の一部に「車代」と称して一人千円を渡したことから、同様の騒乱事件を全国に波及させてしまいました。

二年後の六一年、当時の池田内閣は「公営競技調査会」を設置し、問題の解決策を検討させます。

同年、「調査会」会長の長沼弘毅《こうき》氏は「現行公営競技の存続は認めるが、現状以上に奨励せず、弊害をできる限り除く」方針を打ちだしました（「長沼答申」）。

以降、競技場の新設は事実上おこなわれなくなり、競技開催回数も制限され、射幸性（ギャンブル性）を抑えるために馬券（車券）の種類にも規制が加えられました。

八要件の四番目にある「射幸性の程度」とは、いざとなれば、ギャンブル性を制限することができるという意味です。

また昭和四〇年代には、とばくが公営だけに認められ、民間に認められていないのは憲法違反だとうったえる裁判が東京や大阪であらそわれました。

いずれも司法は、民間ギャンブルを認めずに公営ギャンブルの合憲性を認める判決をくだしています。

たとえば、競馬法の合憲性を問われた東京高裁の裁判ではつぎのような判断がなされました。

「……そこで検討するのに、競馬も人の射幸心に依拠し、偶然の要素が加わって勝敗を決するものであるとはいえ、競馬法は、その主催者を日本中央競馬会、都道府県または市町村と定め（同法一条）、馬の改良増殖その他畜産の振興を目的として、農林大臣、都道府県知事の監督（同法二五条）のもとに、各所定の制限、罰則を設けて、公正な競馬および勝馬投票券の発売等を行わせることにしているのであり、これらを何ら前記のような健全なる社会的目的をも有せず、且つそれにつき法的規制も行なわれていない賭博行為と同列には論じえないものというべく、競馬法がいわゆる公共の福祉に反し憲法一三条に違反するものとは考えられない」（東京高裁判決、昭和四八年一二月二五日・波線は筆者）。

すなわち判決は、公営ギャンブルは波線部分にあるように、「公的な主体」が、「公的な目的（収益の使途）」をもって、「公的な監督」のもとで、「（射幸性を抑制するための）制限を設けて」いるから、違法性を阻却しているのであり、ただのとばく行為（民営とばく）とは同列に論じることはできないとのべているのです。

八要件の「目的の公益性」、「運営主体等の性格」、「射幸性の程度」、「運営主体への公的監督」などは、この高裁判決にもとづくものとかんがえられます。

とばくも「官から民へ」

しかしその後、政府や与党のなかで、公営ギャンブルを民営化しようといううごきがでてきます。

二〇〇一年に小泉内閣が発足し、「官から民へ」がスローガンとなり、竹中平蔵氏が行革担当大臣に就任して「特殊法人改革」をすすめるなかで、公営ギャンブルの民営化が課題となりました。

しかし従来の刑法解釈や前記の判例をふまえれば、「完全民営化は困難」という見解が各省庁からしめされます。

たとえば、特殊法人等改革推進本部参与会議に農水省が提出した資料には「競馬は刑法の賭博罪の特例であり、公正確保・中立的な立場からの運営が必要であり、公的な主体が施行する必要がある」と記されています（第二八回、二九回、三四回、三五回などの配付資料）。

その結果、公営ギャンブルを完全民営化することはむずかしいものの、公的な主体のもとで業務の民間委託をおこなうことは可能という結論がくだされます。

そして二〇〇三年に「自転車競技法」、〇四年に「競馬法」、〇七年に「モーターボート競走法」と「小型自動車競走法」が改正され、公的主体がとばくの「施行権」を保持するもとで、運営等にかんする業務については民間に委託できるようにしました。

このことが「収益の扱い（業務委託を受けた民間団体が不当に利潤を得ないようにするなど）」を八要件のなかにもうけさせることになりました。

しかし民間への業務委託はできるようになったものの、「公的な主体」が、「公的な目的（収益の使途）」をもって、「公的な監督」のもとで、「（射幸性を抑制するための）制限をもうけて」運営するという違法性の阻却要件は堅持されました。

公営カジノから民営カジノへ

こういう経過があったので、カジノ推進派の国会議員たちが最初に構想したのも民営ではなく、公営のカジノでした。

自民党の「国際観光産業としてのカジノを考える議員連盟」は、二〇〇四年六月に「ゲーミング（カジノ）法基本構想」を公表しますが、その運営主体は地方公共団体になっています。

また自民党政務調査会・観光特別委員会が、〇六年六月に発表した「我が国におけるカジノ・エンターテインメント導入に向けての基本方針」でも、地方公共団体を運営主体とし、民間事業者との「協働」によってカジノ事業を実施するとしています。

当時はカジノ解禁をもとめる民間事業者たちも、地方自治体が運営主体となり、民間事業者に一定の業務委託をする「公営ギャンブル方式」を提案していました。

しかし二〇〇九年、自民党は民主党に政権をうばわれます。

民主党内にもカジノ解禁をめざす議員たちがいて、「カジノプロジェクトチーム」をつくり活動をしていました。このグループが政権交代後、自民党にかわってカジノ合法化の流れをリードしていくことになります。

この人たちは自民党や公明党などにも声をかけ、超党派の「国際観光産業振興議員連盟（カジノ議連）」（初代会長・古賀一成《いっせい》民主党衆院議員）を発足させました。

しかし、こともあろうに、この「カジノ議連」は、二〇一一年三月一一日の東日本大震災の津波で甚大な被害をうけた宮城県名取市（仙台空港周辺）にカジノをつくる計画を打ちだしたのです。

生業《なりわい》をうしなった被災者の弱みにつけこんで土地を買いたたき、あとはとばく場ではたらかせようというひどいはなしで、計画を知った住民からはげしい反発がおきたのは当然です。

わたしは参院予算委員会で「カジノ議連」の「被災地カジノ建設計画」を暴露し、民主党の野田佳彦《よしひこ》首相（当時）にたいし、カジノ解禁は絶対にやめるよう迫りました。野田首相が「政府として検討するつもりはない」と答弁したことにより、その「被災地カジノ計画」はとんざすることになりました（二〇一一年一二月六日、参院予算委員会）。

しかし、反「霞が関（中央官庁）」の気分が強かった民主党議員を中心にカジノの合法化が議論されるなかで、「役所は自分たちの権益を守ろうとしているだけ」、「役所は非効率だ」などという意見が主流をしめ、公営カジノではなく、民営カジノをつくる法案が浮上してきます。この人たちは違法性の阻却について無関心で、とばく罪をめぐる歴史的経過についてもまったくの無知でした。

自民党政権のときに、公的主体がおこなう公営カジノなら容認する姿勢をみせていた法務省も、民主党の「民営カジノ法案」には難色をしめします。

二〇一二年四月六日に民主党の「ＩＲ・カジノに係る内閣・法務・国土交通合同部門会議」が開催されました。「民営カジノ法案」の党内了承にむけた会議です。

この会議によばれた法務省の姿勢について、当時の「建設通信新聞」（二〇一二年四月一二日付）は、つぎのように伝えています。

「法務省は、日本にカジノを導入する場合、競馬などの公営競技と同様、運営主体や収益などについて厳しい規制が必要との考えを表明した。（中略）法務省は、刑法で賭博罪を規定していることと、宝くじのほか、競馬、競輪、オートレース、モーターボートなどの公営ギャンブルについてはそれぞれ特別法で、収益の使途を公益性に限るなどの目的の公益性や運営主体を官もしくはそれに準ずる団体に限るなど、さまざまな規制を設けていることを踏まえ、カジノ規制についても同様の方針であるとした。カジノ法案に動いている議員や関係者が想定しているのは、運営の主導権は民間であるため、法務省の見解は高いハードルになりかねない」。

このとき法務省がしめした「厳しい規制」とは、前述の八要件のことです。

つまり、八要件は、当時の民主党議員たちに、民営カジノでは違法性の阻却ができないことを教えるために作成されたものだったのです。

とくに違法性の阻却要件のもっとも重要な部分である「運営主体等の性格」のカッコ書きの(官又はそれに準じる団体に限るなど)の部分は、法務省が民営カジノを認めることは困難だとはっきりわからせるために、わざわざ付けた「例示」でした。

にもかかわらず、「たんなる霞が関の抵抗だ」と聞く耳をもたない民主党議員たちはあくまで「民営カジノ法案」を押しとおそうとします。

しかし民主党議員のなかにも良識派はいました。法務部会の人たちです。

当時、法務部会に所属していた元民主党議員にはなしを聞くと、何回か開かれた「内閣・法務・国土交通合同部門会議」では、カジノ推進派の内閣部会などの議員と法務部会の議員とのあいだで机をたたき合うほどの大激論になったそうです。

法務部会の主張は、民営カジノのどこに公益性があるのかを問いただし、運営主体が民間では違法性の阻却はできないという、それまでの法務省の見解をしっかりふまえたものでした。

けっきょく民主党内で「民営カジノ法案」が了承されないまま、二〇一二年一二月の総選挙で民主党が政権をうしない、第二次安倍内閣が発足することになります。

そして前述のように、アメリカの大手カジノ企業が日本進出に本格的に乗りだした二〇一五年あたりから、ふたたび民営カジノを解禁するうごきが強まっていきました。

アメリカのカジノ資本が求めるのは、規制にしばられる公営カジノではなく、自分たちが好きに運営できる民営カジノです。もはやカジノ推進派にとって、公営カジノ案にもどることはできず、「民営カジノ法案」を押しとおすしかなくなりました。

しかしカジノ推進派の要求がどうあろうと、それまでの違法性の阻却要件にてらせば、民営カジノを合法化できるわけがありません。

「ねずみ小僧」論争

違法性の阻却要件の一番目にある「目的の公益性」については、歴史的な論争があります。

「世間の金銀はこのごろ、とにかく回りがよくねえ。金持ちはますます金を集め、貧しい人びとはますます貧しくなっている。それならば俺がこれから力を尽くして、無慈悲な金持ちの金を奪って、貧しい人にばらまいて安楽な世界にしてやろう」（「絵本　鼠小僧実記」鈴木金次郎）。

（『鼠小僧次郎吉』国書刊行会）

江戸時代の窃盗犯、ねずみ小僧次郎《じろ》吉《きち》（一七九七―一八三二）は、汚職大名や悪徳商家から盗んだお金を貧しい庶民にばらまき、義賊《ぎぞく》とよばれました。

盗んだお金をそのまま自分のふところに入れるとただの窃盗犯ですが、ねずみ小僧は人びとに分けあたえたことから、その「公益性」を評価され義賊とよばれたのです。

違法行為であるとばくが、なぜ公営ギャンブルにだけ認められているのか。

その理屈は、ねずみ小僧とおなじです。

私人がとばく場を開き、上がりを自分のふところに入れればただの犯罪ですが、地方自治体などがおこなう公営ギャンブルは、とばくの収益を住民サービスにつかうから公益性があり、違法性が減じられるという理屈です。

法務省のいう「目的の公益性」（収益の使途を公益性のあるものに限ることもふくむ）にはそういう意味がふくまれているのです。

しかし、一九六七年、このねずみ小僧の論理に異をとなえる人があらわれました。公営ギャンブル廃止をかかげ東京都知事になった美濃部亮吉《りょうきち》さんです。

美濃部さんは「使い道が良ければ違法行為が許されるというものではない。ねずみ小僧も犯罪者に変わりはない」と主張し、公営ギャンブルを倫理の観点からきびしく批判しました。

美濃部さんの主張は、公営ギャンブル全体を廃止させるまでには至りませんでしたが、「目的の公益性」についてより厳格な解釈を要求するものとなり、司法当局にも大きな影響をあたえました。

美濃部亮吉さん

前述のように、「公営ギャンブルだけにとばくを認めるのはおかしい、民営とばくも認めよ」という争点であらそわれた東京高裁などの裁判では、収益の使途を公益性のあるものに限定するだけでなく、射幸性（ギャンブル性）をコントロールするには、地方公共団体などの公的な主体がおこなう必要があると、公益性をより厳格に規定したうえで、民営とばくを退けています。

こういう歴史的な経緯をふまえれば、とばくのもうけの大半を自分のふところに入れる民営カジノが、違法性を阻却することは困難です。

しかも、アメリカのカジノ企業が日本人からお金を巻きあげ、本国の株主に還元するわけですから公益性のひとかけらもなく、「カジノ実施法」は、ねずみ小僧以下の、売国的できわめて違法性の高い法律だといわなければなりません。

射幸性の程度

さらに今回の「カジノ実施法」が違法性の阻却の八要件の一つである「射幸性の程度」をクリアしているとするのは、なぜなのか。

この点に関する、わたしと「IR推進本部」事務局次長の中川真《まこと》氏の質疑（要旨）はつぎのとおりです（二〇一八年七月一九日、参院内閣委員会）。

大門　なぜ今回の法案が「射幸性の程度」という観点をクリアしているのか、すなわち、なぜ民営カジノが射幸性（ギャンブル性）をコントロールしうるのか、説明してください。

中川　このIR整備法案の中では、八つの観点の一つであります「射幸性の程度」に関しましては、カジノ行為の種類及び方法をカジノ管理委員会規則で制限するということ、IR区域の数、施設の数を法定の上限数をもって厳しく限定しているということ、カジノ施設の面積の制限も入れております。そういったことが全部重なり合わせまして、従来から刑法がとばくを禁じてきているその法制度の趣旨と整合性が取れているというふうに考えている次第でございます。

大門　射幸性の程度というのは、二つの面があります。一つは入場制限とか回数制限。もう一つはとばく行為そのものの射幸性（ギャンブル性）をあまり高めさせないようにコントロールすること。

公営ギャンブルの場合も、開催日数などの制限とともに、払戻金とか払戻し率、あるいは発行馬券や車券の種類を制限することで射幸性をコントロールするよう特別法のなかにビルトインされています。

パチンコの場合も、風営法のなかで、いちおう国家公安委員会が出玉規制をつうじて射幸性を「遊技」の範囲に規制することになっている。

今回のカジノ法案では、入場制限などは不十分ながら規定しているが、とばく行為そのものの射幸性の規制はまったくありません。カジノ行為の種類、方法については、カジノ管理委員会が海外の基準を参考にあとできめることになっているだけ。これでは現在、世界中でやっているカジノとなにも変わらない。じっさいには射幸性のコントロールなどしないということであり、「射幸性の程度」という要件はクリアしていないのではないですか。

中川　大門委員ご指摘の点は、個々のゲームの払戻し率などがどのようにコントロールされるのか、それがこのＩＲ整備法案の中にどう措置されているのかということだと思いますけれども、委員の問題意識は十分理解するところでございます。

しかしカジノの中で行われるゲームをどういうものにするかはまだ決まっているわけではございません。将来行われるカジノ行為の種類、方法については、委員ご指摘のように、海外に一般的に認められているゲームを参考にしつつ、わが国においても行われることが社会通念上相当と認められるものをカジノ管理委員会が規則で定めていくということになります。

大門　法務省の八つの要件とは、とばく行為をみとめる特別立法にあたって、違法性を阻却する要件をその特別立法にビルトインすることを要請するものです。「あとから考えます。決めます」という軽いものではありません。だから本法案は「射幸性の程度」という要件をクリアしていないんですよ。中川さんいい加減なことをいってはダメです。

海外のカジノで、客がギャンブル依存症にならないように、「ゲーム」の射幸性を抑えているカジノなど一つもありません。海外はいざ知らず、「射幸性の程度」の要件をクリアしていない以上、日本でカジノは合法化できません。

法解釈の経緯や判例、公営ギャンブルの法改正時の議論をふりかえると、八要件のうち、違法性の阻却要件の核心をなすのは、「目的の公益性（収益の使途を公益性のあるものに限ることも含

表１―４　違法性の阻却《そきやく》にあたっての要件

	公営賭博、判例など	「カジノ実施法」 （「IR 推進会議」の整理）
①目的の「公益性」（収益の使途を公益性のあるものに限ることをふくむ）	○地方自治体財政に寄与 ○関連産業の振興 〈使途を公益に限定〉	○カジノ収益の内部還元による、IR 区域の整備の推進を通じた、観光及び地域経済の振興 ○カジノ収益の国庫納付等の社会還元 〈粗利益の７割は民間に〉
②運営の主体等の性格（官またはそれに準じる団体に限るなど）	○地方公共団体 ○特殊法人 ○独立行政法人 ※主体は公設のもとで、事務・業務については民間に委託できる	○カジノ事業免許等にもとづく事業者、関係者の厳格な管理監督等に関する制度設計等 • 当該 IR 事業者（役員や従業員等をふくむ。）のみならず、関連資産の所有者（株主、土地／施設の所有者等）や融資関係者、取引先等、カジノ収益に関係する者は全て、厳格な公的管理・監督の下に置くことを検討 • カジノ事業者を含めた IR 事業は、認定都道府県等と共同し、この公益を追求する主体であると捉えることを検討
③射幸性の程度	◎公営賭博 • 開催回数、競技回数の上限設定 • 払戻金、払い戻し率の制限 • 発行馬券（車券等）の種類制限による射幸性のコントロール ◎パチンコ • 風営法の「出玉規制」による射幸性のコントロール（競技扱い）	○カジノ行為が実施される IR 区域の数を制限するとともに、１ IR 区域で設置可能なカジノ施設の数を１に制限 ○カジノ施設の面積制限 ○容認されるカジノ行為の種類及び方法を法令により制限→海外なみ ○入場回数制限や広告・勧誘規制等によりカジノ施設へのアクセス等を制限 ○カジノ行為の実施について、顧客へのルールの明示等、カジノ管理委員会が定める基準に従うことを義務付けるなど、公正なカジノ行為の実施を厳格に確保することを検討

む）」と「運営主体等の性格（官又はそれに準じる団体に限るなど）」「射幸性の程度」の三つであるとかんがえます（表1―4）。

いいかえれば、とばくの収益の使途を公益性のあるものに限り、いざというときに射幸性を抑制するには、運営主体が公的主体でなくてはならない。それが戦後から今までつらぬかれてきた、とばくにたいする司法の判断だったのです。

したがって民営カジノを解禁する今回の「カジノ実施法」は違法性を阻却しているわけがないのです。

「ＩＲ推進会議」のずさんな検討と結論

ところが、「カジノ解禁法」の骨子をまとめ、違法性の阻却についても検討をしたはずの政府の「ＩＲ推進会議」では、八要件をまったく無視をした理屈を展開しました。

「公営競技等では、地方公共団体や特殊法人、独立行政法人を実施主体とするほか、競馬以外の公営競技では民間法人に競走の実施に関する事務を委託できることとなっている。ＩＲ・カジノ事業においては、実施主体を民間事業者とすることを前提に、当該ＩＲ事業者（役員や従業員等を含む。）のみならず、関連資産の所有者（株主、土地／施設の所有者等）や融資関係者、取引先等、カジノ収益に関係する者は全て、厳格な公的管理・監督の下に置くことを検討している。また、カジノ事業を含めたＩＲ事業は全体として高い公益を追求するものであり、ＩＲ事業者は、認定都道府県等と共同して、この公益を追求する主体であると捉えることを検討」（二〇一七年七月三一日、「ＩＲ推進会議・取りまとめ」）。

ようするになんらかの公益性をかかげ、国や自治体の監督のもとでやるなら、民間事業者もとばく事業をやってもかまわないといいだしたのです。

「カジノ実施法」は、内閣府に設置された「ＩＲ推進会議」のとりまとめにもとづいて作成されました。今まで違法だった民営とばくがなぜ合法化されるのか、どうやって違法性が阻却されるのかを検討、判断したのもこの「ＩＲ推進会議」です。

ところがこの「推進会議」のメンバーには、刑法の専門家が一人もおらず、こともあろうにカジノ業界から講演料や研究委託費など報酬を受けている人物まで入っていました。

さらに違法性の阻却について議論したのは、二〇一七年七月一八日の第八回「推進会議」のたった一回だけ。しかも一人の刑法学者の「個人的所見」を聞いただけで、まともな議論もせずに終わっています。

先にカジノ解禁ありきでした。とばくは犯罪だと判定した最高裁判決（本書二二～二三ページ）、なぜいままでとばくを公的主体の公営ギャンブルだけに認めてきたのか（同五九～六〇ページの「法務省八要件」や六三ページの東京高裁判決）、なぜ民営化議論のときに公的な主体を堅持したのか（同六四～六五ページに示した議論）、「ＩＲ推進会議」はこれらの戦後の刑法解釈の蓄積をすべて無視して、民営カジノも合法化できるとの結論をくだしたのです。こんないい加減な「有識者」の「検討」に遭遇《そうぐう》したのは、国会にきて一八年で、初体験でした。

しかも「整理」の中身もずさんです（七五ページの表1―4も参照）。

たとえば「運営の主体等の性格」について「ＩＲ推進会議」の整理は、「カジノＩＲ関係者を全て厳格な公的管理・監督のもとに置く」（「実施法」第四一条での規定などをふくめ）となっていますが、カジノの免許申請時に、関係者の能力、社会的信用度、財産的基礎を審査するだけのことです。あとは自由となるのですから、ラスベガス・サンズなどのアメリカの大手カジノ企業がおとなしく日本の官庁や自治体の監督下にはいるわけがありません。

また「ＩＲ事業者は、認定都道府県等と共同して、この公益を追求する主体であると捉える」というのも絵空事です。カジノ企業が追求するのは公益ではなく、あくまで自分たちの私益です。認定した自治体との共同といっても、じっさいは、素人の自治体職員はカジノ企業のおもいどおりにつくる計画を書式の不備などがないかどうかをみるだけでお墨付きをあたえてしまい、国土交通大臣に申請するだけのことです。

こんなことで民営とばくが合法化できるなら、公営ギャンブルも、国や自治体の「監督」のもとで、「地域振興」などの公益性をかかげ一定の納付金を納めれば、民間事業者が主体になってやってもいいということになります。

安倍政権は、カジノだけでなく、民営とばくの際限ない解禁にも道をひらく危険な領域に踏みだしたのです。

法務省よ、おまえもか

この点についても法務省の姿勢のぶれにも言及しておかなければなりません。

カジノ問題に取りくむようになった二〇一一年ころから、刑法におけるとばく罪の立法事実や違法性の阻却について、法務省の担当者（検事）のレクチャーを受け、議論もしてきました。

一二年の民主党部門会議でしめされたように、当時の法務省の見解は、民営カジノの合法化はできないというものでした（本書六七〜六八ページ）。

しかしその後、民主党政権から自民党安倍政権にかわり、二〇一五年あたりから、民営カジノの実施が安倍内閣の優先課題になっていくもとで、法務省も民営カジノについてあいまいな姿勢をとるようになります。

二〇一六年一二月八日の参院内閣委員会での「カジノ解禁推進法」の審議の際、法務省の加藤俊治《としはる》審議官はわたしの質問にたいし、「運営主体等の性格」のカッコ書きにある「官又はそれに準じる団体に限るなど」について「例示に過ぎない」といういい方をし、暗に「民間主体も否定してきたわけでない」という、いままでとちがうニュアンスの答弁をしました。

前日の質問通告のときは、従来どおり「民営カジノは難しい」との担当者のはなしだったので、委員会での加藤審議官の答弁には大変おどろきました。

「カジノ推進法」という議員立法にたいする質疑でしたから、法務省の答弁内容を法案提案者である自民や維新の議員と事前に相談するなかで、なんらかの指示やあるいは圧力があったのかもしれません。しかし、ことは国民を罰する刑法解釈にかかわる問題です。かんたんに見解を変えることは許されません。

わたしは法務省の見解の整合性を問うため、一二年の民主党部門会議で「民営カジノはむずかしい」と説明した当時の法務省担当官の委員会への参考人招致をもとめました。

しかし、参考人招致が理事会で協議されることもなく、その数日後、「カジノ推進法」の採決が強行されてしまいました。

あれから二年、法務省は、今回の「カジノ実施法」についても、法務省自身の判断を避け、「政府が八つの要件をクリアするよう制度設計したというのだから、クリアしているのだろう」と傍観者的な態度をとりつづけています。

かんがえてみれば、「集団的自衛権は行使できない」といっかんして主張してきた内閣法制局でさえ、安倍政権になって法の番人という立場をなげ捨て、きゅうに「行使できる」といいだしたのです。法務省が民営カジノの解禁を強行したい安倍政権の軍門に下ったとしてもなんの不思議もありません。

いまや霞が関全体が官邸の顔色ばかりうかがうようになっています。公僕としての責務を忘れた中央官庁の堕落です。「こんなことのために官僚になったのではない！」、と内心おもっている人も多いはずです。

一刻もはやく安倍政権そのものを倒さなければ、この国はますますおかしくなるとおもいました。

パチンコをどうする

ギャンブル依存症対策をかんがえるとき、パチンコをどうするかという問題は避けてとおれません。なぜなら、いままで大量のギャンブル依存症をうみだしてきたのはパチンコだからです。

現在、パチンコ店は全国に約一万店あり、年間総売上高は一九兆五四〇〇億円（二〇一八年『レジャー白書』）にのぼります。まさに巨大ギャンブル産業です。

パチンコが、とばくではなく、風営法上の「遊技」とされてきた根拠は、二つあります。

［写真提供　PIXTA］

一つは、国家公安委員会がパチンコの射幸性を「遊技」の範囲に制限するという点です。

風営法第二〇条第一項では、「風俗営業者は、その営業所に、著しく客の射幸心をそそるおそれがあるものとして同項の国家公安委員会規則で定める基準（出玉数の規制のこと）に該当する遊技機を設置してその営業を営んではならない」（遊技機規制違反）としています。

パチンコにおける射幸性は、一定時間内に獲得できるパチンコ玉の数が多いほど高くなり、それを制限することを出玉規制といいます。

国家公安委員会が「遊技機」の出玉を規制することによって射幸性を「遊技」の範囲に制限しているから、とばく行為ではないというわけです。

しかし、風営法にある「著しく客の射幸心をそそるおそれがあるもの」の「著しく」を判断するのは国家公安委員会です。

たしかに、いままであまりにもギャンブル性が高く社会問題にもなったパチンコ型スロットマシン機種の一つである「爆裂機」の設置比率の制限や、風営法施行規則を改定して出玉制限をおこなったことはありますが、「遊技」といえる範囲にまで射幸性を制限したことはありません。だからこれだけギャンブル依存症をまん延させたのです。

パチンコがとばくではなく「遊技」とされている二つめの根拠は、勝ち分を、現金で支払うのではなく、景品に交換するという点です。

図1―3　パチンコの「三店方式」

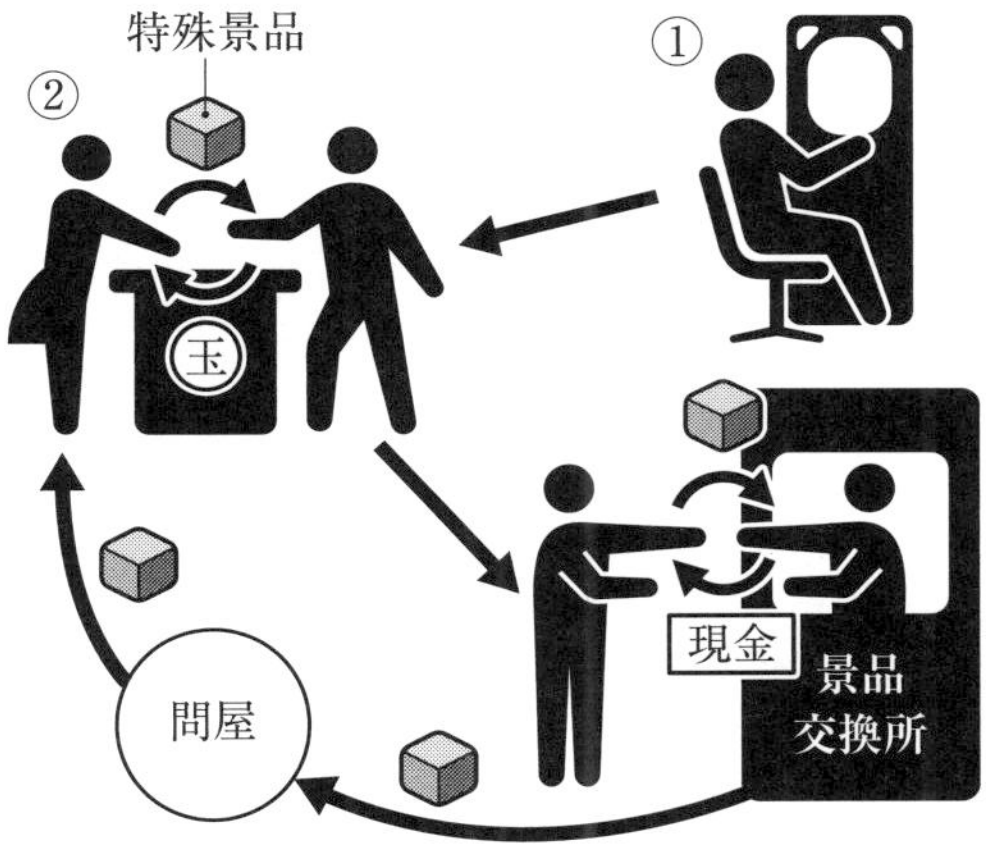

しかし実際は換金がおこなわれています。いわゆる「三店方式」です。

風営法第二三条は、パチンコ店が客に「現金又は有価証券を賞品として提供すること」「客に提供した賞品を買い取ること」などを禁止しています。

そのため、「三店方式」とよばれるつぎのようなしくみで換金がおこなわれています（図1―3）。

① 客はパチンコホールに来ると、現金とパチンコ玉を交換し「遊技」をします。

② 客は出玉をパチンコホールに持参し、

「特殊景品」*と交換します。

＊「特殊景品」とは、店舗によって色々ですが、たいていは小さなプラスチックケースの中に金（金地金）のチップのようなものが納められているものが多いようです。

③ 客が「特殊景品」を景品交換所に持ちこむと、景品交換所はそれを買い取って客に現金をわたします。

④ 景品問屋が景品交換所から「特殊景品」を買い取り、パチンコホールに卸します。

こうして実際には脱法的な換金行為が広くおこなわれています。

じつはこの「三店方式」を最初に考案したのは警察です。

戦後まもなく、大ブームとなったパチンコの景品はおもにタバコでした。当時、貴重品だったタバコをパチンコ客から買い取って現金にかえるヤミの「仲介人」が横行します。その多くは暴力団関係者でした。

ヤミの「仲介人」を排除するため、一九六〇年（昭和三五年）、大阪府警と大阪のパチンコ店とが共同し「大阪府遊技業協同組合」を設立。初代理事長は元大阪府警ＯＢの水島年得《ねんとく》氏でした。

水島氏が、ヤミの「仲介人」を排除し、かつ風営法の規制を逃れる方法として、「三店方式」を最初に考案したそうです（『百年を築いた人びと』）。以後、この方式が現在まで、半世紀以上もつづくことになりました。

当初は暴力団排除という目的があったのかもしれませんが、パチンコ玉を直接、換金できるシステムをつくったことは、その後、パチンコを「遊技」からとばくに変質させる大きな役割を果たすことになりました。

二〇一八年七月五日の参院内閣委員会では、日本共産党の田村智子議員が、「パチンコ・パチスロの規制をしなければギャンブル依存症の防止対策はまったく不十分になる」として、パチンコの換金システムである「三店方式」への規制を強くもとめました。

質問する田村智子議員［赤旗］

田村議員の質問にたいし、警察庁の山下史雄生活安全局長は、「パチンコ店の営業者以外の第三者による買取りを規制することとした場合、一般的な物の売買にまで際限なく規制の対象が広がることとなり、過剰な規制となりかねない」、「パチンコの景品を第三者が買い取ることはただちに違法とはならない」などと外形上のことだけでごまかす答弁に終始しました。一般論にはなしを拡張してごまかすというやり方は、このような答弁では数多くあります。しかしそれならば、実態に合わせてパチンコに限定した規制にすればよいわけで、なにもむずかしいことではありません。

問題にされなければならないのはパチンコが「三店方式」というからくりを使って、風営法で禁じられた換金行為をおこなっていること、すなわち実質的にとばく行為をおこなっていることです。

田村議員は「警察がパチンコの換金システムを守っているのと同じだ」ときびしく批判しました。

現在、警察が「三店方式」を堅持する背景には、天下りをふくめパチンコ業界と警察との癒着があるのではないかと、マスコミからもたびたび指摘されてきました。

パチンコはギャンブル依存症や子どもの置き去りなどさまざまな社会問題まで引きおこしてきたのですから、この際、抜本的に射幸性を制限するとともに、換金をやめ、一般の景品交換だけの文字どおり遊技の世界にもどすべきではないでしょうか。

（5）地獄のふたをあけるな

世界最低水準のカジノ規制

安倍首相は「世界最高水準のカジノ規制を導入する」と豪語しましたが、じっさいは世界最低水準のカジノ規制です。

当初、カジノ推進派の議員たちは日本人の安易なカジノ入場を抑制するためには入場料を高くするといっていました。ところが設けられた入場料は六〇〇〇円。東京ディズニーランドの入場料（一日七四〇〇円）より安い金額にきまりました。抑制どころか、日本人をカジノに呼びこむための価格設定です。

カジノにのめり込み、子会社から総額一〇六億円を引きだし有罪判決を受けた大王製紙前会長の井《い》川《かわ》意高《もとたか》氏は、入場料についてつぎのようにのべています。

「カジノ狂いになった人間からすれば、数千円の入場料はどうかと思います。カジノに足を踏み入れた時点で入場料分の負けが発生しているわけですから、それを取り返そうと熱くなってしまう」（『週刊ダイヤモンド』二〇一八年四月一四日号）。

カジノへの入場料が、かえって人びとをカジノにのめり込ませる結果になるという「経験者」ならではの、本質を突いた指摘です。

ギャンブル依存症をださないための入場回数の制限も週三回、月一〇回までとされましたが、「週三回も行けば、すでにギャンブル依存症だ」と、批判の的になりました。

ところが、石井啓一「カジノ担当大臣」は一八年七月一二日の参院内閣委員会で、カジノ利用の「一回」の定義について、「一日」ではなく「二十四時間」だといいだしました。

どういうカラクリかというと、半日ずつの利用ならば、週六日もカジノに通うことは可能だということです。

ギャンブル依存症になると毎日二四時間でもカジノをやりたくなります。そのためにカジノにはホテルなど宿泊施設を併設しているのです。

たとえば、金曜の午後五時に入場したギャンブル依存症の客は、土曜の午後五時までカジノに滞在できます。これで一回。

その後、カジノ内のホテルに一泊し、日曜の午後五時に二回目の入場をすれば、月曜の午後五時までふたたびカジノをすることができます。これで二回。

そしてさらに翌日の火曜日の午後五時から水曜日の午後五時までカジノをやる。これで三回目です。

つまり週三回の制限といっても、金曜から水曜まで週六日カジノをやりつづけることができます。

けっして極端なはなしではありません。世界のカジノでおこなわれている依存症の客をカモにし、破滅にまでみちびくやり方です。

［写真提供　PIXTA］

すでに日本では三二〇万人ともいわれるギャンブル依存症で苦しむ人、家族がいます。

自民、公明や維新は、ギャンブル依存症対策といえば、依存症におちいった人びとにたいする相談、カウンセリング体制や病院の専門医による受診体制のことしかいいません。かれらにとってギャンブル依存症対策は、カジノをつくるためのアリバイでしかないのです。

しかも、カジノ実施にともなって今までにはない依存症対策をやるのだから、依存症患者はいまより減少するとまったく根拠のないはなしをくり返しています。

ギャンブル依存症には慢性、進行性、難治性があり、放置すれば自己破産、家庭崩壊、自殺にまで至る極めて重い疾患です。いったん依存症におちいった人がもとにもどるためには大変な努力と相当の時間がかかります。

全国各地で計画されている「カジノ計画」は、裏をかえせば「ギャンブル依存症・製造計画」です。カジノ解禁でいまより依存症を増やしておいて、依存症が減るわけがありません。

依存症におちいった人たちの更生を支援することは重要ですが、ギャンブル依存症を減らすには、カジノをつくらないこと、パチンコなど現行のギャンブル規制に本格的に踏みだすしかないのです。

また政府は暴力団関係者をカジノから排除するといっていますが、世界の例をみても、ヤミ金融や売春の組織はカジノのなかではなく、カジノの外側、周辺で活動しています。さらに「マネーロンダリング」を封じる保障もありません。

前述のように「カジノ実施法」の詳細を政省令にゆだねている理由は、あとでカジノの運営にたずさわるアメリカのカジノ企業がやりやすいような規則にするためですが、日本政府の今までの対米従属的な姿勢をかんがえれば、アメリカの要求をつぎつぎとのまされることは目に見えています。世界最高水準の規制どころか、アメリカのカジノ企業にもうけさせるために、世界最低水準の規制になることは確実でしょう。

借金が破滅への道

藤沢周平の時代小説には、博打《ばくち》で人生を誤った男のはなしがよく出てきます。

「小さな橋で」（新潮文庫「橋ものがたり」所収）は、きまじめだが慣れぬ博打に手をだしてしまい、店の金を使いこんで姿を消した父親と小さな息子が何年後かに再会するはなしです。

「約束」（同「本所しぐれ町物語」所収）は、死んだ父親が博打でつくった借金を、身売りをして全部を返す一〇歳の娘のはなしです。

どれもこれも切ない物語ばかりです。

「朝焼け」という短編（同「驟《はし》り雨」所収）には、つぎのようなシーンがあります。


三十半ばの、細身で女のように生っ白い顔をした男がこの賭場の胴元だった。銀助という名前だが、身なりは商家の若旦那という恰好をしている。

「まあ坐ってください」新吉をみると銀助はおだやかに言った。

そして煙管《きせる》を下に置いてじっと新吉を見た。

「お忘れじゃないと思うが、あんたには五両の貸しがある」

「あんたは素姓もわかっているし、お馴染みさんだ。無理な催促はしたくないんだが、利子もたまってきているのでな。そろそろ……」

「利子？」新吉は相手の言葉をさえぎった。顔から血の気がひいた。「利子を取るんですかい」

「あたしを甘くみて、返す気があるのかないのかわからないということになると、容赦しないよ。利子一文もまけずに取り立てるよ」

このあと、新吉は借金を返すため、脅しの仕事をやらされ、あやまって相手を刺し殺してしまいます。

江戸時代の賭場では、負けつづきの客や、逆に調子にのって大博打を打ちたい客に、胴元が証文を書かせてタネ銭を貸すしくみがありました。もちろん返せなければ家も田畑も取られ、親の借金は子の借金と、娘まで身売りをさせられました。新吉のように犯罪に引き込まれた例もあったでしょう。

博打は、借金してまでやらなければ、身の破滅にまでは至らないものです。

だからこそ、胴元は客に借金させることによって徹底的に追いこみをかけます。古来、博打と借金をセットにしてきたのは、身ぐるみをはがすための胴元の手口なのです。

「カジノ実施法」のなかにも、しっかりその手口が入っています。「特定資金貸付業務」です。

「特定資金貸付業務」とは、カジノ事業者が客にとばくの資金を貸し付けてさらに深みにはめるしくみです。

対象となるのは、「本邦内に住居を有しない外国人」、または「カジノ管理委員会規則で定める金額以上の金銭を当該カジノ事業者の管理する口座に預け入れている者」です（「カジノ実施法」第八五条）。すなわち、日本人でも一定の金額をカジノ事業者に預ければ、貸し付けを受けられます。

カジノいらないと宣伝する人たち（北海道苫小牧市）
［赤旗］

貸金業法は、利用者の返済能力を考慮し、借入金額を年収の三分の一に制限していますが、「特定資金貸付業務」はその対象外ですから、限度がありません。

カジノ事業者に預け入れる金額は、法成立後に「カジノ管理委員会規則」で定めることになっています。政府は高額所得層を想定した制度だといいますが、額の設定によっては借金ができる層がひろがります。

かりに年金収入しかない高齢者でも、退職金などをカジノ事業者に預ければ、多額の貸し付けをうけることができます。手持ち資金にくわえて、消費者金融やヤミ金融からの借入金を合わせて預け入れれば、その何倍ものとばく資金を手に入れることが可能になります。

そのお金をカジノですってしまったら借金だけが残るわけですが、その返済のために家や土地、会社の不動産を手放すことになるでしょう。犯罪に手を染める人間もいるかもしれません。大王製紙前会長の井川氏も、カジノ事業者への五億円の借金が払えずに子会社からの貸し付けに手をつけたのが始まりで、一〇六億円ものお金を子会社から出させることになったのです。

「特定資金貸付業務」は「世界中のカジノでやっていることだから事業者に需要がある」（内閣府の中川真IR推進本部事務局次長）という答弁がしめすとおり、日本に進出するアメリカなど海外カジノ資本の要求にそって法案に入れこまれたものです。


日弁連カジノ・ギャンブル問題ワーキンググループ事務局長の三上理《おさむ》弁護士は、「特定資金貸付業務」のもつ「異質の危険性」をつぎのように指摘しています。

「民法では、公の秩序・善良な風俗に反する行為は無効です。その典型例の一つとして、判例は、とばくのための借金であることを貸主も承知の上で貸し付ける行為は無効としています。このような契約を認めると、借主がとばくをすることを容易にし、借金でとばくを繰り返してしまうという弊害が生じるおそれがあるからです。とばくのための借金は、通常の借金と違い、借りた人の収入から返済することが予定されず、借金を返すためには、勝つまでとばくを続けるしかないということになる『異質な危険性』をもっています」（「しんぶん赤旗」二〇一八年六月一四日付)。

三上弁護士が指摘するように、民法は「公の秩序又は善良の風俗に反する」行為は無効である(第九〇条)としています。賭博は当然これにあたり、賭博によって生じる債務は無効です。この民法の規定が適用されれば、カジノ事業者の貸金行為は公序良俗違反となり、すべて無効となります。

この民法の規定をどう取り払うか、じつは二〇一一年に超党派の「カジノ議連」と法務省のあいだで、「すり合わせ」がおこなわれていました。その際、法務省は「正当行為として賭博が別途法律により認知されるのならば……民法上の無効規定は適用されない」と回答したと、カジノ推進派でつくる「IR・ゲーミング学会」の一二年八月の機関紙が報じています。

つまり民営カジノが合法化されれば、そこにおける貸金業務も合法だという理屈です。こんな軽い判断を法務省は下していいのでしょうか。「公序良俗違反」という民法規定の歴史的な重みを法務省自身が足蹴にするようなものではありませんか。

『カジノ狂騒曲』(新日本出版社)の著者であり、長年カジノ問題を追及してきた竹腰将弘《たけこしまさひろ》「しんぶん赤旗」記者は、「カジノ実施法案によって、刑法が禁じる民間賭博を解禁することにより、民法の公序良俗違反という国民を守るための基本的法規範が破壊されることになる」と鋭く指摘しています。

まさに民法全体に悪影響を及ぼす危険な判断だといわなければなりません。

借金をさせてとばくをやらせる、これほど人びとを破滅にみちびく手口はありません。

悪魔のとりひき「大阪カジノ万博」

アメリカのカジノ企業がもっとも注目し、参入をねらっているのが大阪カジノです。

阪南大学の桜田照雄《てるお》教授は、大阪カジノが注目される理由について、①金儲けの機会に恵まれていること（日本全体のGDPの一六％を大阪が産出し、京阪神で一七〇〇万人の人口がある）、②東京にくらべて地価が安いこと、③地元自治体の支援があること、の三つをあげています（『「カジノで地域経済再生」の幻想』）。

とくに三つめの地元自治体の支援がカジノ事業者にとっては決定的に重要です。

大阪維新の府・市政は、どうしてもカジノを誘致したいと執念をもって取りくんできました。その理由は、大阪ベイエリア開発の「負の遺産」を、カジノを誘致することで打開したいとかんがえているからです。

咲洲《さきしま》、舞洲《まいしま》、夢洲《ゆめしま》など大阪のベイエリア開発は、一九五八年に埋め立て造成工事がはじまって以来、重化学工業の誘致に失敗したあと、二〇〇八年のオリンピック誘致にも失敗するなど、破たんをくり返してきました。

さらに「府庁移転」をかかげた橋下徹知事（当時）が旧WTC（ワールドトレードセンター）ビ

ルを購入し、府庁にしてベイエリア内の「咲洲開発」の「起爆剤」にしようとしましたが、東日本大震災のときに、このビルが防災拠点として耐えられないことが判明し、全面移転を断念、「二重庁舎」状態のままになっています。

巨大開発方式が失敗の連続だったにもかかわらず、現在の松井一郎大阪府知事（日本維新の会代表）や吉村洋文大阪市長（大阪維新の会政調会長）は、またカジノ誘致による巨大開発で「負の遺産」となったベイエリアの現状打開をはかろうとしているのです。

しかしカジノ建設という理由だけでは、地下鉄の延伸など公共インフラ整備費（七三〇億円以上となる見込み）に住民の理解をえることはむずかしく、また企業からの投資もつのりにくい。そこでかんがえたのが、「二〇二五年大阪万博」を誘致し、それを隠れみのにしてカジノ誘致もインフラ整備もすすめようという計画です。万博会場整備の名目なら、公共事業費を支出し、民間からの投資も引きだせるというわけです。

二〇一八年六月に、日本共産党の辰巳孝太郎参院議員、清水忠史前衆院議員、山中智子、小川陽太両大阪市議とともに夢洲を視察し、市の担当者から説明をうけました。私たちのヒヤリングにたいし、担当者も「もし万博が誘致できなければ（カジノだけの建設となれば）、夢洲開発は大幅に計画変更となる」と認めました。

さらに驚いたのは、万博パビリオンの道路をはさんだ隣にカジノをつくる計画になっていること

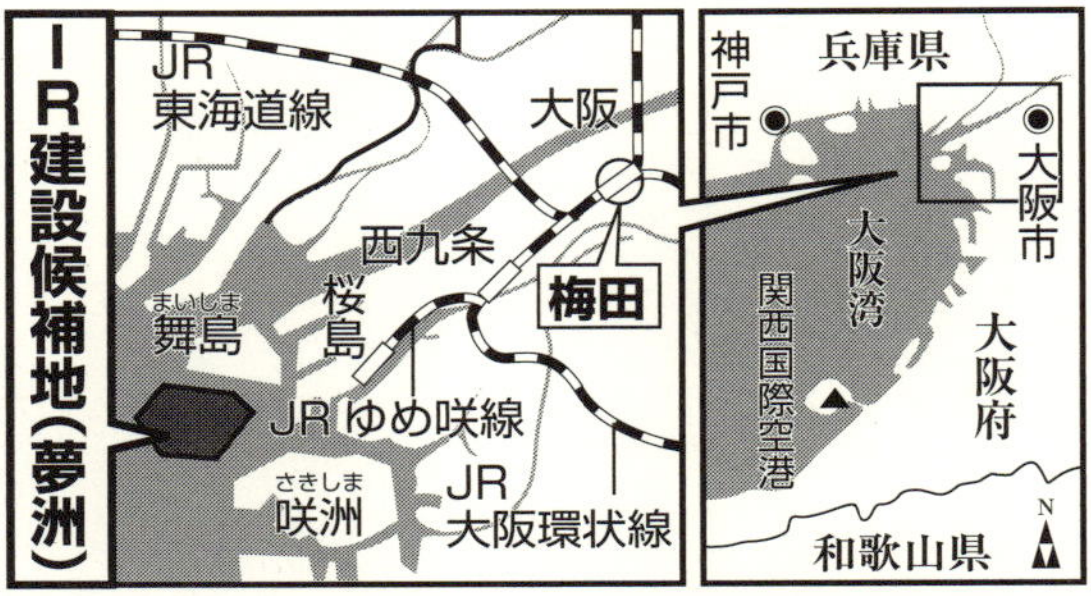

市職員から説明を聞く（右２人目から）清水、大門、辰巳（左端）の各氏（大阪市）［赤旗］

とです。つまり万博を目的にきた人たちを、カジノにも引っぱり込もうというわけです。資金的にも物理的にも、万博とカジノが一体となった構想であり、カジノのための万博ということがよくわかりました。

一八年七月一七日の参院内閣委員会で辰巳孝太郎議員が大阪「カジノ万博」について取りあげました。

辰巳議員は、大阪府・市の計画では、二四年にカジノを開業し、二五年の万博開催をはさんで三期に分けた開発計画がくまれており、万博のためと見せかけて、じっさいはカジノのためのインフラ整備であることを暴露しました。

また辰巳議員は、アメリカのラスベガスに本拠をおく大手カジノ企業「ＭＧＭリゾーツ」と契

質問する辰巳孝太郎議員［赤旗］

カジノ反対をアピール　大阪新婦人

約しているコンサルタント会社「ＧＲジャパン」（ヤコブ・エドバーグ社長）が、日本人スタッフとして、維新の会の元国会議員、自民党の元参院比例候補などをかかえ、ロビイ活動を展開している事実もあきらかにしました。

このことは、前述のように（三五〜三六ページ）、アメリカの「海外腐敗行為防止法」（ＦＣＰＡ）が禁じている「外国の政党もしくは候補者にたいし、事業上の便宜をはかってもらう目的で金銭その他の利益をもたらすこと」に該当する可能性があります。

さらに辰巳議員は、大阪万博誘致に向けたオフィシャルパートナー（公式スポンサー）に、ラスベガス・サンズ、ＭＧＭ、シーザーズ、メルコリゾーツ、ハードロック・ジャパンなど海外の大手カジノ企業がずらりと並んでいることを指摘しました。

うちシーザーズ・エンターテインメントは、万博のオフィシャルパートナーとなった理由について、プレスリリースでつぎのようにのべています。

「世界各地から観光客を呼び込むことができる世界基準のジャパニーズエンターテインメントリゾートを開設、運営するため、日本への長期にわたる投資家となり、日本のパートナーと協業していくことに尽力します」。

カジノ事業者に選んでもらい、カジノの開設、運営をするために万博誘致を応援しますとあけすけに語っています。いまや万博誘致は維新とアメリカのカジノ企業の共通の目標になっているのです。

カジノの早期解禁という維新の要求にこたえてきたのが安倍首相です。

安倍首相のねらいは、カジノ解禁とひきかえに、維新を改憲のパートナーにすることです。安倍首相は国会やテレビでも維新に改憲への協力をもとめてきましたし、維新の側も協力を表明してきました。

二〇一六年一二月の「カジノ解禁推進法」の強行も安倍首相の直接の指示があったといわれていますが、当時、維新の幹部は「官邸は大阪万博を実現するつもりだ。憲法改正で協力してくれというメッセージだ」「憲法改正にとことん協力する」(「毎日」二〇一六年一〇月二九日および同月九日付)とのべています。

憲法改悪とカジノ解禁を交換条件にするなど、まさに悪魔のとりひきです。

大阪でカジノをつくらせないたたかいは、改憲をたくらむ安倍政権と維新にきびしい審判をくだすうえでも重要です。

地獄のふたをあけるな――つくらせないたたかいこそ

以上のべてきたように、「カジノ実施法」は百害あって一利もない、天下の悪法です。

図1―4　政府が描くカジノ開業までのプロセス

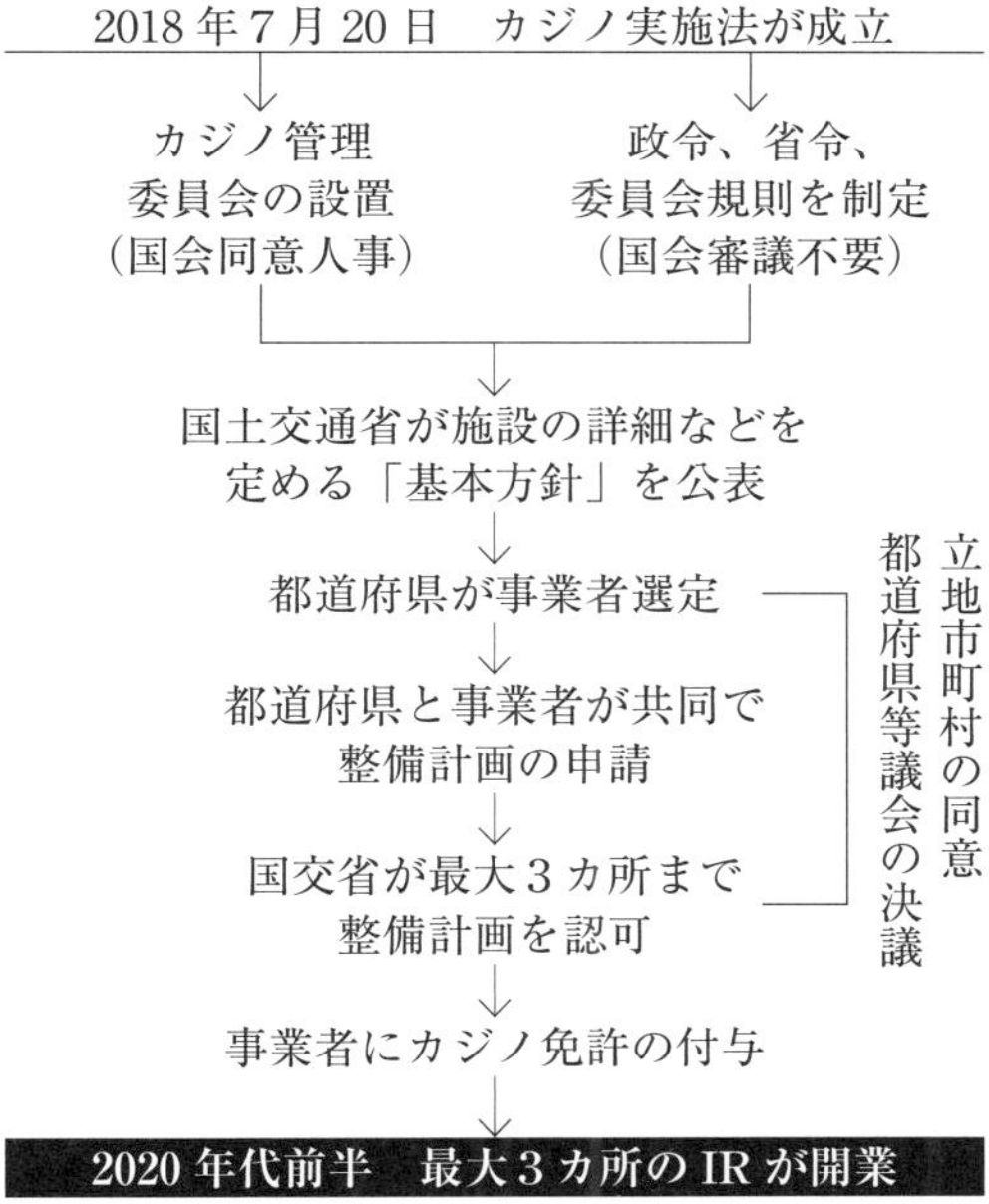

2018年7月20日　カジノ実施法が成立
カジノ管理委員会の設置（国会同意人事）
政令、省令、委員会規則を制定（国会審議不要）
国土交通省が施設の詳細などを定める「基本方針」を公表
都道府県が事業者選定
都道府県と事業者が共同で整備計画の申請
国交省が最大3カ所まで整備計画を認可
立地市町村の同意
都道府県等議会の決議
事業者にカジノ免許の付与
2020年代前半　最大3カ所のIRが開業

「実施法」が強行された一八年七月二〇日の日本共産党議員団総会で志位和夫委員長は「法案が通っても、実施させないたたかいに全力で取りくんでいく」と決意をのべました。

法のしくみからいって、自治体が国へ申請しない限り、カジノは誘致できません。自治体が国に申請するためには都道府県等議会の議決、立地市町村の同意が必要です（カジノ開業までのプロセスは図

1―4のとおり)。

どの世論調査でもカジノ反対は六割をこえています。議会でカジノ反対派を多数にすることをふくめ、地域の運動で自治体にカジノの申請を断念させることは十分可能です。

またアメリカのカジノ企業が想定している巨大カジノはその周辺およそ一〇〇キロメートル圏内の住民を対象としています。たとえば、北海道苫小牧のカジノがおもなターゲットにしているのは札幌市民であり、大阪夢洲のカジノがターゲットにしているのは近畿圏の住民全部です。けっして立地市町村だけの問題ではないのです。

さらに、従来の刑法解釈を崩壊させ民営とばくを解禁する「カジノ実施法」は、民営とばくの際限のない拡大に道をひらく危険性があります。

前述のように、なんらかの「公益性」をくっつければ、「民営とばく」も合法になるという安易な論立てが許されるなら、公営ギャンブルも上納金を納めるから民営でやらせてほしい、パチンコも地元商店街振興や経済活性化に貢献する義務を負うから、堂々と店で現金払いをさせてほしいといった主張を拒否できなくなるからです。

実際、過去にもあったように公営ギャンブルだけがとばくを独占するのはおかしいという裁判が再燃する可能性もあります(本書六二ページ)。

反対討論に立つ著者
（参院本会議）

市民らアンケート結果発表［赤旗］

カジノ開業は、まさに地獄のふたをあけるものとなり、今後、日本社会に深刻な弊害をもたらすことは間違いありません。

この点からも、カジノ解禁の問題は、カジノ誘致に手をあげている自治体、地域だけのことではなく、日本全体の問題なのです。

「法案が強行されても実際にカジノはつくらせない」――二〇一八年七月二〇日、全国カジノ賭博場設置反対連絡協議会の人たちが、国会前でうったえました。

代表幹事の新里宏二弁護士は、「多くの国民はこの国は、人の不幸を前提にする賭博ではなく、自分たちが汗をかいてつくっていくものだと思っている。思っていないのが与党の国会議員らだ」ときびしく批判し、「全国のどこにもカジノはつくらせない」と強い決意をのべました。

天下の悪法「カジノ実施法」の廃止をめざしつつ、当面、カジノを全国のどこにもつくらせないたたかいをひろげていこうではありませんか。

第二部　あぶない「カジノミクス」

第一部では、じっさいのカジノ、とばく場の解禁についてとりあげました。

しかし、安倍政権がすすめてきた経済政策そのものがとばくのようなものです。ひとつは、「異次元の金融緩和」という日銀マネーをつかったとばくです。もうひとつは私たちの老後のための資金である年金積立金を元手にしたとばくです。両者とも株価の引き上げとアメリカへの奉仕を目的にしています。

国家をあげたギャンブルであり、もはやアベノミクスというより、「カジノミクス」とよぶべきものです。

第二部では、「カジノミクス」の危険性と売国性を告発するとともに、まともな経済への方向転換を提起したいとおもいます。

（1）「アベ銀行」に転落した日本銀行

異形《いぎょう》の中央銀行

日本銀行は、世界の中央銀行のなかでも、二つの点で異常です。

第一の異常は、国が借金のために発行する国債を大量に買いこみ、保有していることです。二〇一八年一〇月末の日銀の国債保有残高は四六七・六兆円となっており、「異次元の金融緩和」の始まる前の二〇一三年三月末の一二五・四兆の約三・七倍になっています。

また政府の国債残高に占める日銀の保有割合は四二・三％にもなっています（〇八年六月末）。各国の国債残高にしめる中央銀行の保有割合（二〇一七年一二月末）は、アメリカ一五％、イギリス二二％、ドイツ一五％、イタリア一九％です。国の借金の四割以上を日銀が引きうけているのは世界でも異常です（図2―1）。

図2―1　日銀保有国債の残高と全国債残高に占める比率

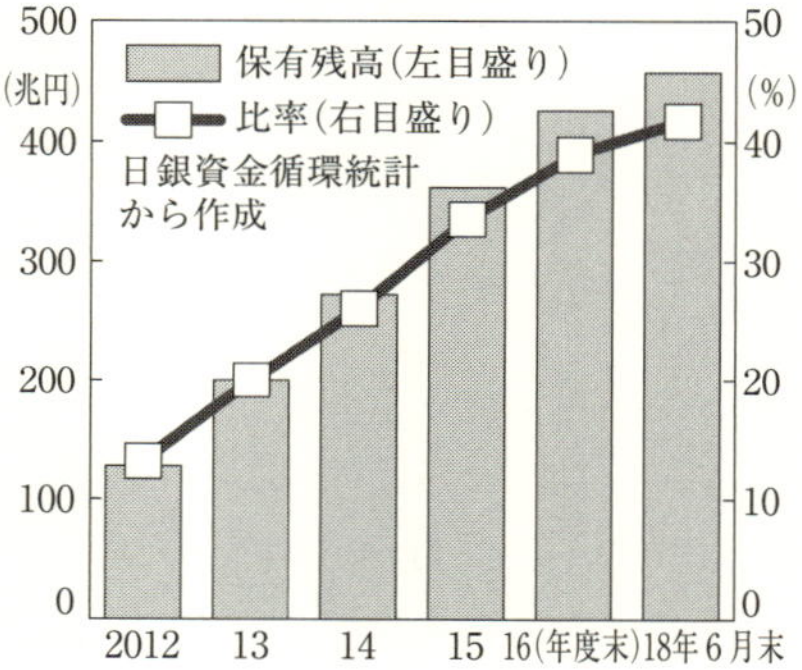

東京都中央区にある日銀本店［写真提供 PIXTA］

図2―2は、二〇一三年三月末と、一八年六月末の国債の保有主体です。この比較でわかるように、日銀はおもに銀行が保有していた国債を買い入れてきています。また国債の海外保有も増えてきていることに注意する必要があります（一四三ページ以降で後述）。

図2―3は、欧米（ECB〈欧州中央銀行〉とFRB〈米連邦準備制度理事会〉）の中央銀行が保有している国債の金額をGDP（国内総生産）比でしめしたものです。日銀が保有する国債のGDP比は八三・六％にも達していますが、欧米の中央銀行の一〇～二〇％と比べてもその異常さ

図２―２　国債保有主体の変化

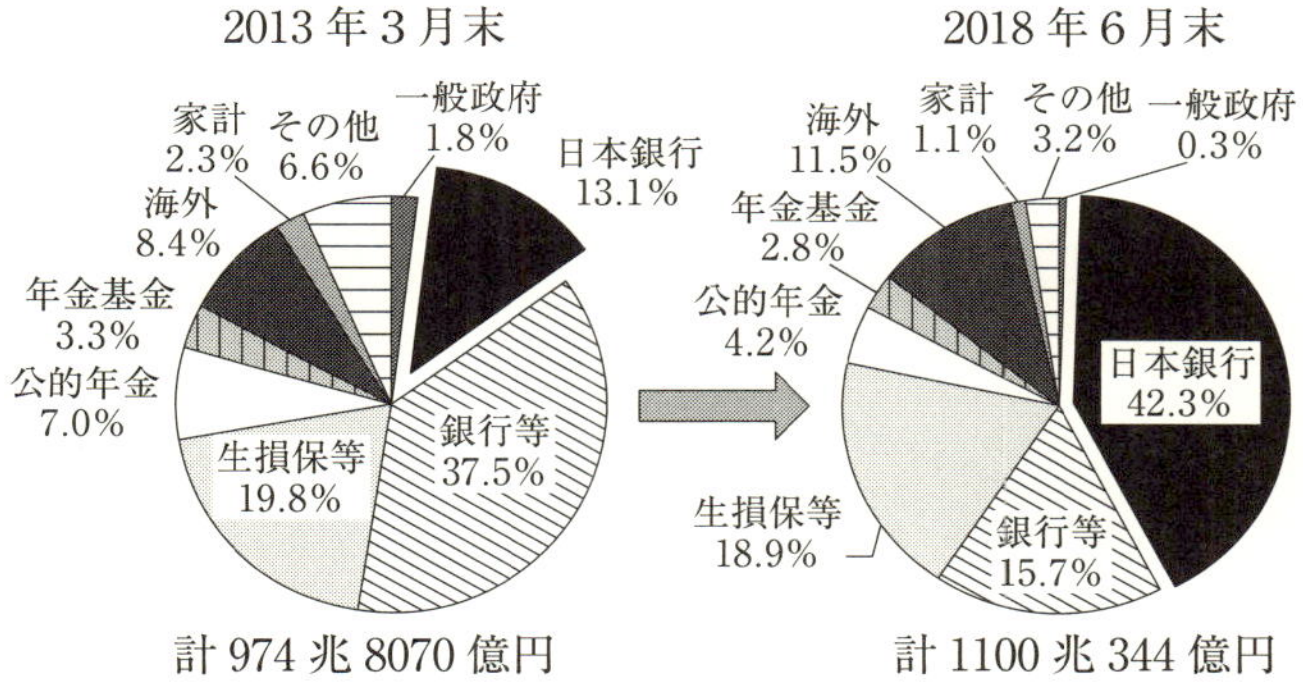

（注）　国庫短期証券および国債・財投債を合算したベース。ただし、2017 年度末のデータは確報値ではなく、2018 年第 1 四半期の速報値による。

（出所）　「資金循環」日本銀行ウェブサイト〈http://www.boj.or.jp/statistics/sj/index.htm/〉を基に筆者作成。

がわかります。

第二の異常は、株を大量に買いこみ、保有していることです。

日銀はＥＴＦ（株価指数連動型・上場投資信託）をつうじて株を購入してきました。

ＥＴＦとは、Exchange Traded Fund の略称で「証券取引所に上場している投資信託」という意味で、いくつもの大企業の株がパッケージになった金融商品です。

パッケージのなかにどの企業の株がどのくらい入っているかは、ＥＴＦの種類によって異なります（後述〈一六三～一六五ページ〉する「日経平均２２５型」や「ＴＯＰＩＸ型」などがある）。

ＥＴＦを買うということは、パッケージを構成する企業の株を間接的に買って保有すること

図２―３　国債保有残高の名目 GDP 比

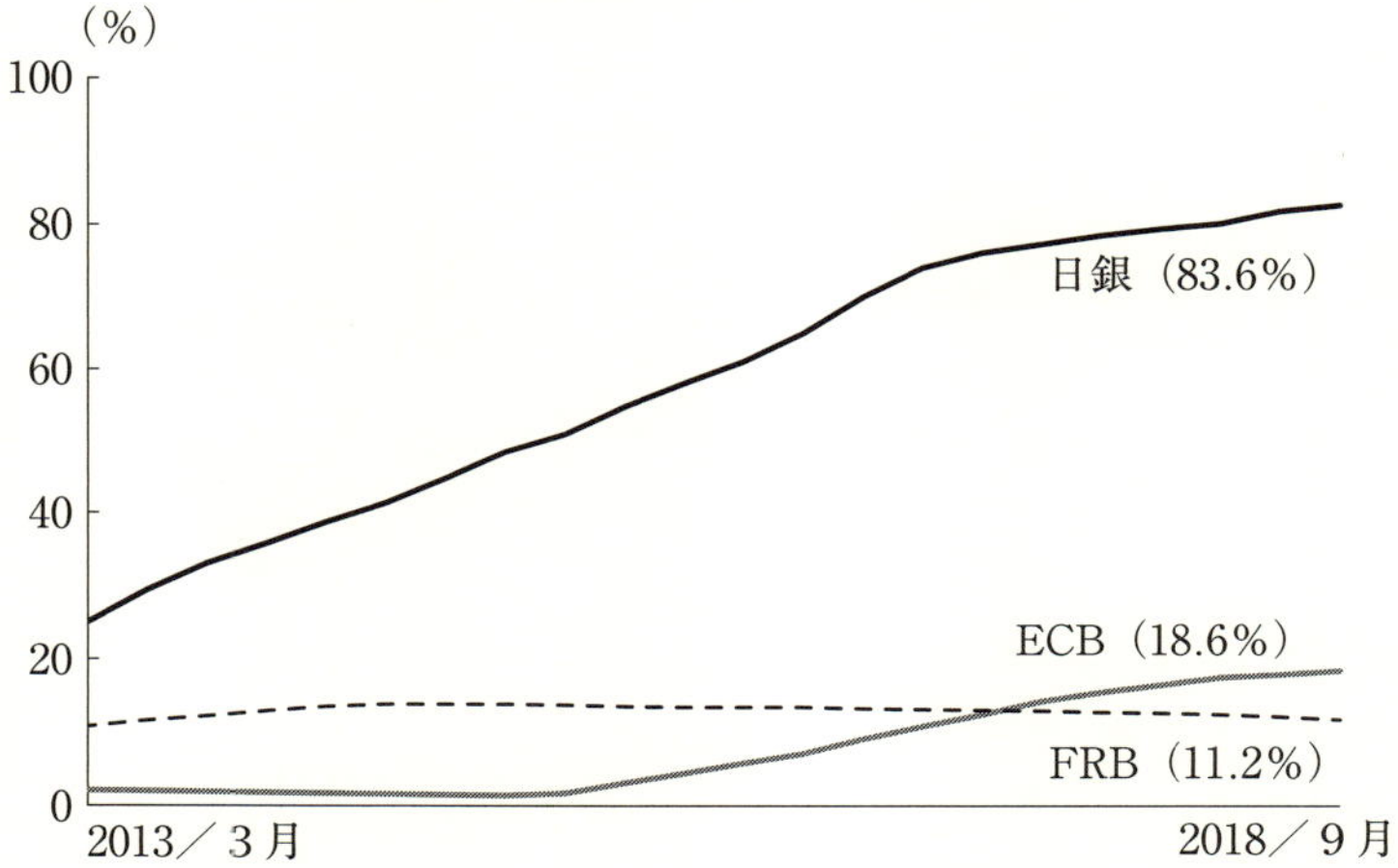

図２―４　日本銀行の ETF（投資信託）購入の推移

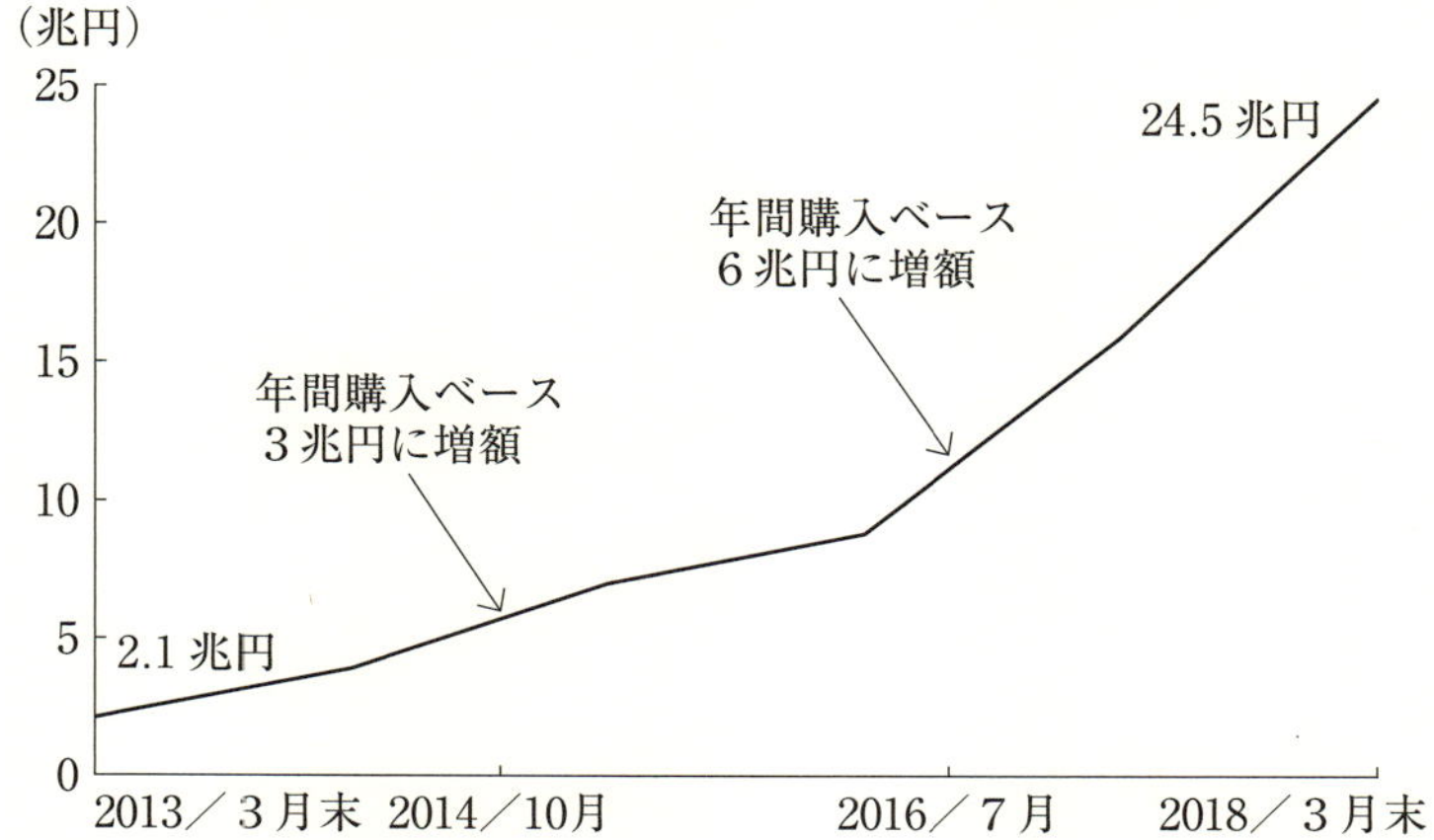

（注）　時価ベース。
（出所）　図２―３、４ともに日本銀行。

になります。日銀によるETFの購入は、第二次安倍政権が発足する前からおこなわれてきましたが、「異次元の金融緩和」のもとで、年間購入ペースを一兆円から三兆円（二〇一四年一〇月決定）に増やし、さらに六兆円（一六年七月決定）に増加させました。

図2―5　日本銀行のバランスシートの変化

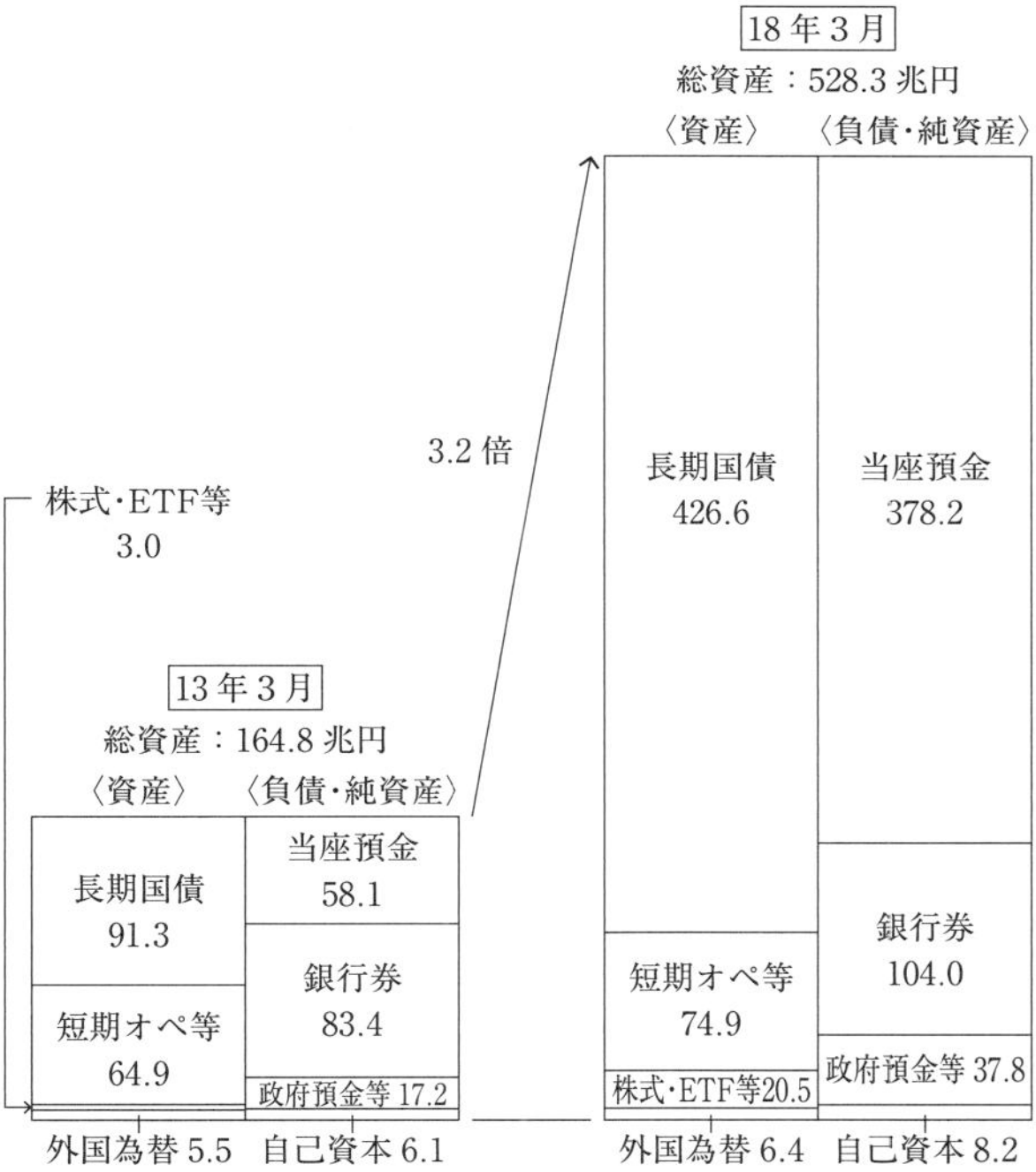

（注）　簿価ベース。
（出所）　日本銀行。

その結果、日銀のETF保有額は、二〇一八年三月末で二四・五兆円にたっし、「異次元の金融緩和」を始める前の一三年三月末の二・一兆円に比べて一二倍ちかくにふくらんでいます。（図2―4）

世界の中央銀行で、ETFや株を購入しているところはありません。その理由は、中央銀行が株を購入することは市場に大きな影響をあたえ、株価の価格形成をゆがめてしまうからです。

図2―5は、日銀のバランスシート（貸借対照表）の推移です。日銀は大量の国債を購入したことにより総資産を「異次元の金融緩和」前の一六四・八兆円から二〇一八年三月末の五二八・三兆円に、わずか五年で三・二倍にふくらませました。これは決算ベースの比較ですが、一八年一〇月末の「日銀営業毎旬報告」によれば、日銀の総資産は五五一・八兆円となり、とうとう二〇一七年の名目GDP五四六兆円を上回るまで膨張しています。

資産がふくらんだといっても、そのなかみは価格急落のリスクをはらんだ国債と株です。バランスシートのうえでも、その危険度でも、日銀は世界でも異形の中央銀行になってしまったのです。

台頭する「リフレ派」

なぜ日本銀行は異形の姿になってしまったのか。その経過をふりかえります。

二〇〇一年、わたしが国会にきたとき、経済論戦の大きなテーマになっていたのが、デフレ不況からの脱却でした。

デフレ（デフレーションの略）とは、物価が持続的に下落し、経済が停滞している状況のことをいいます。

この二〇年くらいでみると、一九九七年や二〇一四年の消費税増税による物価上昇はありましたが、それ以外は、物価は横ばい、または下落の傾向がつづいてきました。

景気のよいときは、物価も上がるが賃金も上がり、経済の規模もふくらんでいくものですが、景気のわるいときは、所得と消費の低下により物価も下落し、経済全体が停滞します。

〇一年四月、経済財政政策担当大臣となった経済学者の竹中平蔵《へいぞう》氏は、デフレの原因は「構造改革」のおくれにあるとし、不良債権処理をはじめサプライサイド（企業側）の改革を提唱しました。企業利益が回復すれば、やがてそれが家計にも波及し、デフレからも脱却できると主張していました。

それにたいし、わたしはデフレの原因は政府と財界が一体ですすめてきた賃金引き下げ政策にあるとし、直接、賃金を引き上げる政策に踏みだすようもとめました。

竹中氏とは五〇回以上、デフレについて論戦をしました。けっきょく企業利益は家計に波及せず、竹中氏の「構造改革」論は破たんし、デフレはつづきました。

いっぽう〇一年当時、参院財政金融委員会の質疑では、自民、民主の一部の議員が、デフレを克服するために、日銀にたいし大規模な金融緩和をやるべきだと、強く迫っていました。いわゆる「リフレ派」の議員たちでした。

「リフレ」とは、リフレーションの略で、デフレから脱却するために、意図的にインフレ状態をつくりだすことをいいます。

そのころマスコミでも「リフレ派」とよばれる学者やエコノミストが注目を浴びはじめていました。「リフレ派」は、日本がデフレにおちいった原因は、日銀がバブル経済の再燃を警戒するあまり金融緩和に消極的だったことにあるとし、日銀に大規模な「量的緩和」をおこなうように強くもとめていました。

金融緩和の具体的な手段は二つあります。

ひとつは、日銀が銀行にお金を貸し出すときの金利を引き下げることで、銀行が企業や個人に貸し出すときの金利も引き下げるように誘導することです。

もうひとつは、日銀が銀行から国債などを買い上げ、かわりにお金を銀行に供給する＝お金の量を増やす、「量的緩和」という方法です。

理論的にはこの二つの方法がありましたが、二〇〇一年の時点で金利はすでにゼロ金利状態でした。金利では手の打ちようがないのです。それ以上、下げようがなく、金融緩和の手段として議論されたのは「量的緩和」でした。

図２―６　金融緩和と物価の関係

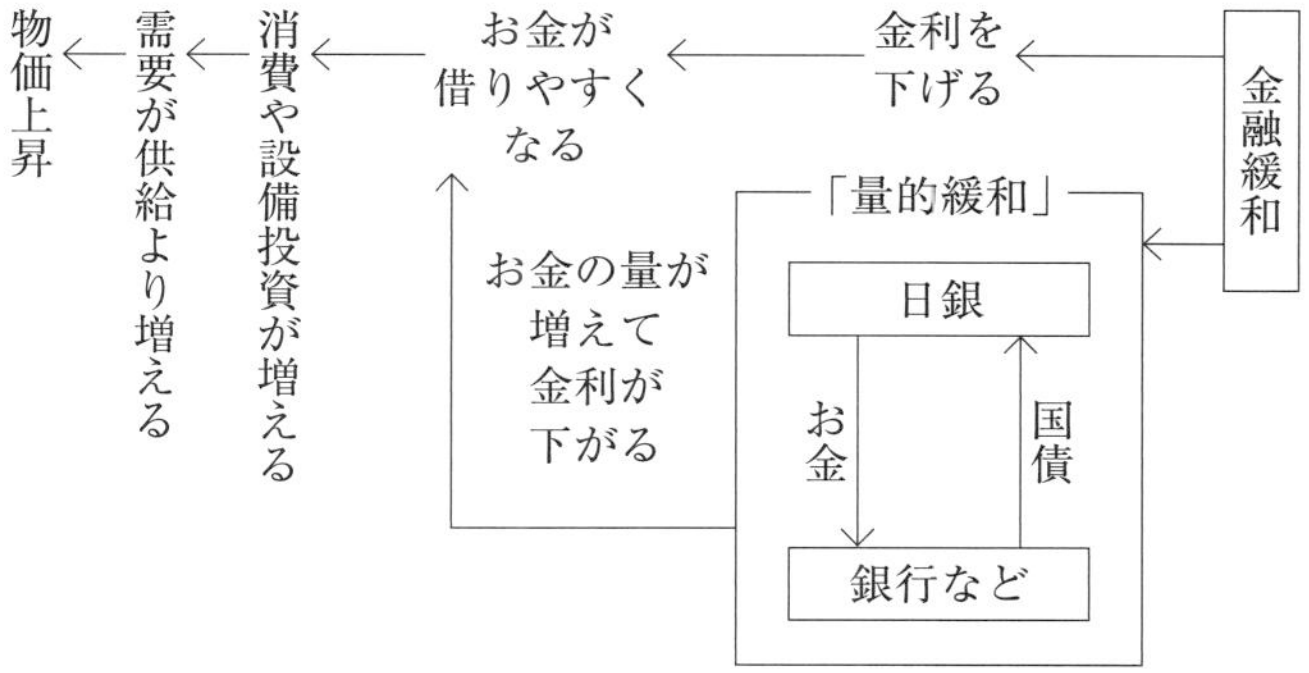

「量的緩和」によって銀行にお金が大量に供給されると、銀行間でお金を融通しあう「短期金融市場（インターバンク市場）」の金利も下がり、銀行がより低い金利でお金を調達できるようになります。そうなれば、銀行が企業や個人にお金を貸すときの金利も、競争原理がはたらいて、より低くなります。

問題はその先です。

「リフレ派」の主張は、銀行の貸出金利が下がれば、貸し出しが増え、物価が上がる、というものです。

経路はこうです。

貸出金利が下がると、人びとは銀行からお金を借りやすくなる ↓ 個人消費や住宅購入が増える・企業の設備投資も増える ↓ 消費や設備投資が増大 ↓ モノやサービスの買い手が増える ↓ 需要と供給の関係から物価が上がる、というシナリオです（図2―6）。

しかし銀行が貸出金利を下げたからといって、かならず人びとがお金を借りるとは限りません。

企業が銀行からお金を借りて設備投資をおこなおうとするのは、あくまで製品やサービスへの需要が増えると見こんだときです。個人が住宅ローンを組もうとするのは、返済能力があり、ある程度の自己資金が貯まったときです。金利がいくら低くなっても、関係のない人には関係がないのです。

したがって、日銀が「量的緩和」をおこない、銀行にお金を供給しても、経済全体の需要が低迷している状況では、世の中にお金は回りません。

じっさいその後の経過をみても、「量的緩和」→金利引き下げ→景気回復→物価上昇という現象はおこらず、シナリオは見事に破たんしました（くわしくは一一四ページ以下で後述）。

抵抗する日銀

にもかかわらず、当時の「リフレ派」の議員たちは、日銀にたいし一刻も早く大規模な「量的緩和」をおこなうようもとめ、それを拒否する速水《はやみ》優《まさる》日銀総裁（当時）をはげしく攻撃していました。

速水総裁は、「リフレ派」議員の攻撃にたいし、デフレの原因は金融政策だけの問題ではないと反論し、「リフレ」政策を拒否していました。

あるときわたしは、質問のたびに、速水総裁を執ように批判していた「リフレ派」の自民党議員に、「デフレの原因は実体経済にあり、金融政策では解決できないのではないか」と聞いたことがあります。そのときの答えにはおどろきました。

「デフレはどうでもいいんだよ。株が上がればいいんだ」。

民主党の「リフレ派」議員にも同じことを聞くと、「とにかく株価の低迷をなんとかしたい」とおなじようなことをいいました。

速水優日銀総裁［Ⓒ朝日新聞社／アマナイメージズ］

調べてみると、自民、民主を問わず、「リフレ派」議員たちが株をもっていることがわかりました。自民党議員が大企業の株を保有するのはふつうのことですし、民主党議員も金融関係や大企業労組の出身者などはたいてい自分がいた企業の株をもっています。

質問では、景気がどうとかデフレがどうとか、もっともらしいことをいいながら、ようするに株を上げるために、大規模な「量的緩和」をやれというのが「リフレ派」議員のホンネだったのです。

かれらが描いたシナリオは「大規模な量的緩和→お金（円）を市中に大量に供給する→円の価値が下がる→円安になる→輸出企業が為替差益でもうかる→利益増→株価上昇」というものだったのでしょう（このしくみはあとでくわしく説明します）。

もちろん財界や富裕層（大株主）も「大規模な量的緩和」による株価上昇を期待していたとおもいますが、国会で日銀攻撃の急先鋒だった「リフレ派」議員たちの卑俗さにはあきれるばかりでした。


そもそもデフレは、金融政策の結果ではなく、九〇年代後半から本格化した政府と財界による賃金引き下げ政策によって国民の購買力がうばわれてきたことに根本原因があります。たんに世の中にお金を供給すれば解決するというものではないのです。わたしは日銀の速水総裁が「リフレ派」の圧力に屈しないよう激励の意味をこめた質問を何度もおこないました。

しかしそのあとの福井俊彦《ふくいとしひこ》総裁、白川方明《しらかわまさあき》総裁の時期も「リフレ派」の日銀攻撃はつづきます。

白川総裁のころ、「リフレ派」が日銀に強硬《きょうこう》に迫ったのが「インフレ・ターゲット」でした。

「インフレ・ターゲット」とは、消費者物価の前年比上昇率の目標（インフレ目標）をかかげ、その目標を達成するまで、日銀が国債を大量に買い入れて、かわりに市中にお金を供給する「量的緩和」をおこなうというものです。

そのシナリオは、日銀が物価上昇率の目標値を設定すれば、人びとのあいだにこれから物価が上がるだろうという予測（インフレ期待）がうまれ、価格が値上がりする前に買っておこうとする「買い急ぎ」や設備投資の前倒しなどがおきて、景気がよくなっていくというものでした。


非現実的なシナリオだとおもいました。

第一に、日銀が物価上昇率の目標をかかげたくらいで、人びとは物価が上がるとはおもわないということです。現場の経営者は日銀より経済に敏感です。需要の増大なしに物価が上がらないということは肌でわかります。

第二に、いくらこれから物価が上がるといわれても、そもそも買い急ぐためのお金や設備投資にまわす資金がなければ人びとは行動をおこしたくてもおこせません。

ようするに、どういう期待を持つかは、持つほうしだいであり、ない袖もふれません。政策だけで人びとの期待をうごかすなど、机上の空論にすぎないのです。

日銀も「インフレ・ターゲット」には否定的な立場をしめしていましたが、強まる「リフレ派」の圧力に抗しきれず、国債の購入を徐々に拡大していきました。

わたしは日銀に政治圧力に屈せず独立性を堅持するようもとめました。白川総裁も「インフレ目標」の導入だけは拒否するなど、最後の一線だけは守ろうとしていました。

「アベ銀行」スタート

しかし日銀のぎりぎりの抵抗も、二〇一二年一二月の第二次安倍政権の発足によって、いっぺんに吹き飛ばされることになります。

一三年一月、政府と日銀はデフレ脱却にむけた「共同声明」を発表します。

安倍氏は総選挙中から日銀の金融政策を非難し、「日銀に二〜三％のインフレ目標を設定させ、無制限の金融緩和をやらせる」「日銀に大規模に国債を買わせ新しいマネーを強制的に市場に出す」などと、「インフレ・ターゲット」の導入を主張していました。

年二％の物価上昇を「できるだけ早期に」実現するため、大胆な金融緩和を推進することをかかげた「共同声明」は、まさに安倍首相の意向を反映したものでした。

この「共同声明」をだすにあたって、当初、白川総裁は抵抗します。それまでの日銀の立場から大きく踏みだすものだったからです。

しかし安倍首相は、日銀の独立性を定めた日銀法の「改正」までちらつかせ、「共同声明」をのませました。安倍首相が総選挙のときにかかげた日銀法「改正」案は、政府が日銀に物価目標を決めさせ、達成できなかった場合は、総裁を解任するという威圧《いあつ》的な中身でした。いうことをきかなければ、日銀そのものを政府の直接の監督下においてしまうぞとおどしたわけです。

のちに白川総裁自身も、二〇一二年一二月に「インフレ・ターゲット」をかかげ、日銀法「改正」まで示唆《しさ》して総選挙をたたかい政権を奪還した安倍首相のもとで、「熟慮のすえ、『共同声明』をだすのはやむをえないと考えた」とのべています（二〇一八年一〇月二二日記者会見）。

さらに日銀の人事にも介入していきます。

安倍首相が日銀総裁に指名した黒田東彦氏［Ⓒ朝日新聞社／アマナイメージズ］

安倍首相は白川総裁を任期満了前に辞任させ、その後任について「私と同じ考えを有する人、かつデフレ脱却に強い意志と能力を持った方にお願いしたい」とのべ、元財務官僚で日銀の政策を批判してきた「リフレ」派の黒田東彦《はるひこ》氏を新総裁に指名しました。

二〇一三年三月二〇日、新総裁に就任した黒田氏は、安倍首相の思惑どおり、「黒田バズーカ砲」とよばれるかつてない規模の金融緩和にふみだします。いわゆる「異次元の金融緩和」です。

以降、日銀は、黒田総裁のもとで、それまでの独立性も理論的スタンスもプライドも投げすて、安倍政権の意のままにうごく「アベ銀行」の道を歩むことになります。

日銀の独立性をふみにじった安倍首相

各国の歴史をふりかえると、ときの政権が政治的な目的で、中央銀行に金融緩和をもとめ、国債の引き受けを要求するということがたびたびありました。

日本でも戦前・戦中に政府が軍事費を調達するために日銀に巨額の国債を引き受けさせ、極端な物価上昇がおきて経済破たんをまねきました。

政治からの圧力や介入が金融政策をゆがめ、経済に混乱をまねいてきた過去の苦い経験から、中央銀行は、政府から一定独立した立場で、中立的・専門的な判断をもとに金融政策の運営にあたることがのぞましいという考え方が、世界の常識になっていきました。

もちろん、中央銀行の独立性といっても、政府の経済政策とまったく無関係に金融政策の立案をするということではありません。日銀法にも、「政府の経済政策の基本方針と整合的なものとなるよう、常に政府と連絡を密にし、十分な意思疎通を図らなければならない」（日銀法第四条）とあります。

政府と連絡を密にするための制度的なわく組みとしては、金融政策に関する事項を決定する「金融政策決定会合」に政府の代表者（財務副大臣など）が必要におうじて出席し、意見をのべること、議案を提出すること、議決の次回会合までの延期をもとめることができるようになっています。

白川・前日銀総裁は、日銀の独立性にかんするわたしの質問にこたえ、つぎのようにのべています。

「中央銀行の組織というのは、目的は国会ではっきり規定をした上で、その時々、完全に政府と同じように行動しますと、これは結果として通貨への信認が失われるという苦い長い歴史を経て現在のこのしくみができているわけであります。中央銀行は全く独自に行動しているわけではもちろんありませんが、一方で中央銀行に課せられた大きな意味での使命達成ということも考えないといけない。その両者のバランスでございます」（二〇〇九年四月九日参院財政金融委員会）。

ようするに、日銀は、政府と協力しながらも、中央銀行としての独立性を大事にし、日銀の中立的・専門的な判断で金融政策の運営につとめるということです。

ところが安倍政権は、そういう姿勢の白川氏を事実上辞めさせ、新総裁に黒田氏をすえて、みずからの意のままにしたがう「アベ銀行」にしてしまったのです。

長年、日銀ウオッチャーとして的確な論評をしてきた東短リサーチ・チーフエコノミストの加藤出《いずる》氏も、「黒田総裁の前任である白川氏や、その前任の福井俊彦氏が総裁だったときは、今ほど露骨に政権の意向を反映するような金融政策はとられなかった。現政権になって政府と日銀の適度な距離感が壊れた」と指摘しています（「東洋経済オンライン」二〇一八年四月五日）。

(2)「異次元の金融緩和」とはなんだったのか

「異次元の金融緩和」の破たん

二〇一三年四月に、「アベ銀行」と化した黒田日銀がいわゆる「異次元の金融緩和」をはじめてから五年半以上が過ぎました。

「異次元の金融緩和」とは、文字どおりいままで見たこともないような異常な金融緩和という意味です。はじまった当初は「黒田バズーカ砲」といわれ人びとをおどろかせました。

具体的になにをしてきたのかを表2―1にまとめました。

「異次元の金融緩和」は、消費者物価が前年にくらべ二%上昇することを目標にし、それを二年程度の期間のあいだに実現しようとするものです。

消費者物価とは、消費者が実際に購入する段階での商品の小売価格（物価）のことです。通常、消費者物価指数（CPI＝Consumer Price Index）として公表されています。

表２―１　「異次元の金融緩和」の経過

2013年4月4日：「量的・質的金融緩和」の導入 ・強く明確なコミットメントの導入 ・マネタリーベース・コントロールの採用（増加額：約60～70兆円／年） ・長期国債買入れの拡大（保有残高の増加額：約50兆円／年）と年限長期化（７年程度） ・ETFとJ-REITの買入れの拡大（同：約１兆円／年・約300億円／年）
2014年10月31日：「量的・質的金融緩和」の拡大 ・マネタリーベースの拡大（増加額：約80兆円／年） ・長期国債買入れの拡大（保有残高の増加額：約80兆円／年）と年限長期化（７～10年程度） ・ETFとJ-REITの買入れの拡大（同：約３兆円／年・約900億円／年）
2016年1月29日：「マイナス金利付き量的・質的金融緩和」の導入 ・マイナス金利の導入（日本銀行当座預金の一部に▲0.1％のマイナス金利を適用）
2016年7月29日：ETF買入れの拡大 ・ETF買入れの拡大（保有残高の増加額：約６兆円／年）
2016年9月21日：「長短金利操作付き量的・質的金融緩和」の導入 ・オーバーシュート型コミットメントの導入 ・イールドカーブ・コントロールの導入 ✓日銀当座預金の一部に▲0.1％のマイナス金利を適用 ✓長期金利（10年物国債金利）をゼロ％程度になるよう長期国債の買い入れをおこなう
2018年7月31日：強力な金融緩和継続のための枠組み強化 ・政策金利に関するフォワードガイダンスの導入 ・「長短金利操作付き量的・質的金融緩和」の持続性強化

物価は基本的に商品やサービスにたいする需要と供給の関係できまります。経済活動が活発になり、モノを買う人が多くなれば物価は上がり、逆に経済活動が停滞してモノを買う人が少なくなると、物価は下がる傾向になります。

その物価の変動がわかる消費者物価指数（ＣＰＩ）は、「経済の体温計」とよばれ、経済政策をきめるうえで重要な指数としてつかわれてきました。

黒田総裁が、二％の物価上昇目標をかかげ、まずやったことは、日銀が民間金融機関から購入する長期国債の買入れの規模を年間約五〇兆円に拡大することでした。

その購入代金は金融機関が日銀に預けている日銀当座預金の残高を増やすことで支払われます。

日銀当座預金とは、日銀が銀行、証券会社などの民間金融機関から受け入れている預金のことで、金融機関どうしの送金や決済などにも利用されています。また、金融機関は顧客からの預金の一定割合を日銀に預けることを義務づけられています。これを準備預金といって、日銀当座預金にふくまれています。

日銀がおもいえがいた「異次元の金融緩和」の基本的なシナリオをしめすとつぎのようになります。

「日銀が銀行のもっている国債を大量に購入」→「その購入した代金の分、銀行がもっている日銀当座預金の残高を増やす」→「銀行に資金が供給される」→「銀行どうしがお金の貸し借り

図２―７　日銀が供給したお金と実際に世の中に出回っているお金の関係

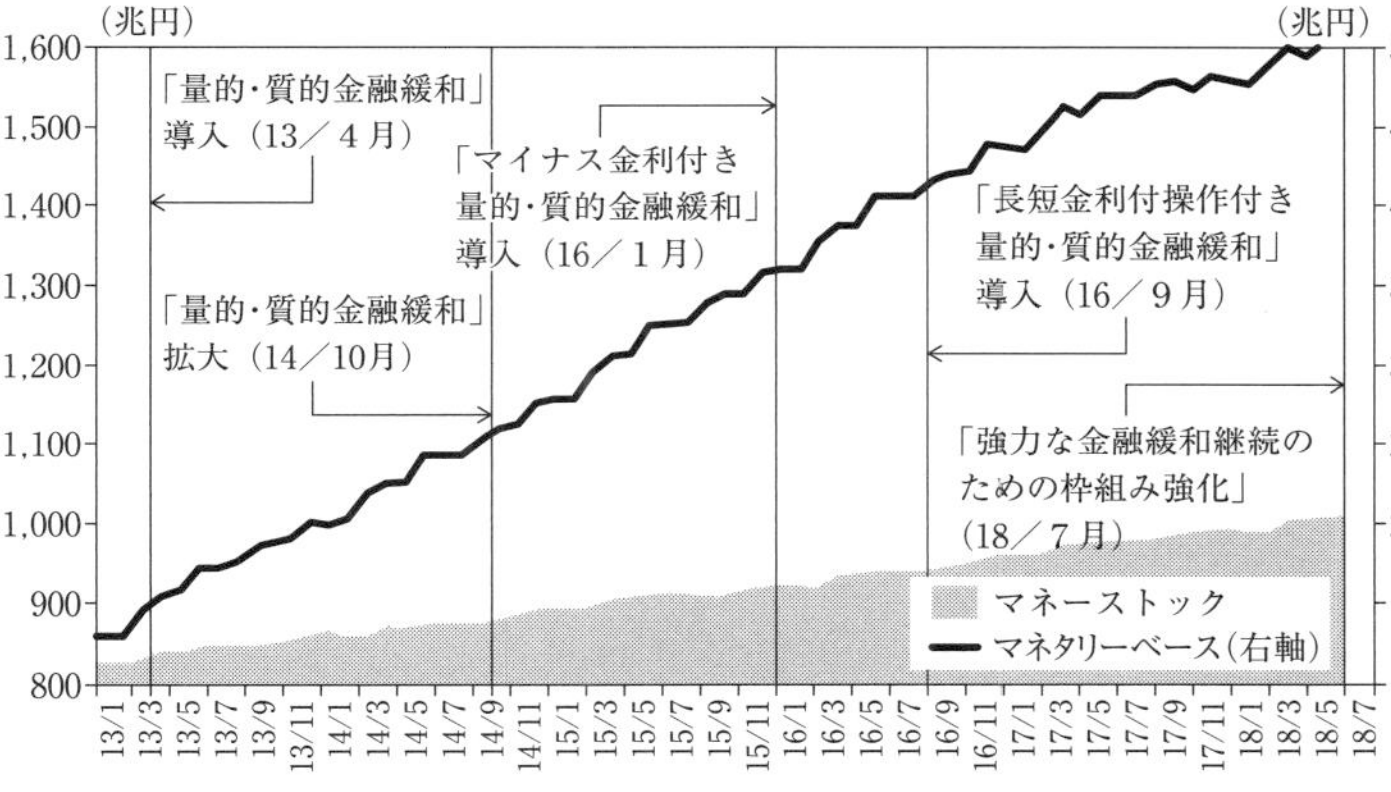

（出所）　日本銀行。

をする短期金融市場（インターバンク市場）に資金がだぶつく」→「短期金融市場での金利が低くなる」→「銀行が企業や個人に貸し出す金利も低くなる」→「貸し出しが増える」→「需要が高まり物価が上昇する」。

しかしこのシナリオは見事に破たんしました。

現実におきたことは、日銀からジャブジャブといわれるほど供給されたお金はほとんど金融機関にとどまったままで世の中に出回りませんでした。

図２―７は、その関係をしめしたものです。

世の中にどれくらいお金が出回っているかをしめす統計として「マネタリーベース」と「マネーストック」があります。

「マネタリーベース」は「日本銀行が世の中に供給するお金」のことです。具体的には、市中にある現金と日銀当座預金の合計です。
「マネタリーベース」は、「異次元の金融緩和」のはじまった二〇一三年四月の一五五・三兆円から、二〇一八年七月の五〇三兆円へ、三・二四倍に拡大しています。それだけのお金を日銀は世の中に供給してきたということです。

いっぽう「マネーストック」は、「金融機関から経済全体に供給されている通貨の総量」のことです。具体的には、一般法人、個人、地方公共団体などの通貨保有主体（金融機関・中央政府を除いた経済主体）が保有する通貨（現金通貨や預金通貨など）の残高を集計しています。こちらは同時期に、八四三兆円から一〇〇七兆円に二〇％程度しか増えていません。

つまり、日銀から銀行にお金が大量に供給されたにもかかわらず、銀行から先の世の中にはお金が回らなかったということです。

銀行が貸し渋りをしているわけではありません。景気が低迷するもとで、世の中にそれだけの資金需要が無いということです。

また黒田総裁は、日銀が二％の物価上昇目標を約束すれば、「予想物価上昇率」が上昇し、実際の物価引き上げに影響するだけでなく、実質金利の低下をつうじて民間需要を刺激するというシナリオもしめしてきました。
「予想物価上昇率」とは、文字どおり人びとが予想する物価のことです。

たとえば企業が、これから物価が三％上昇すると予想すれば、自社の製品価格を現在より三％高く設定するので、現実の物価上昇率も三％近くになるという考え方です。

「予想物価上昇率」は、国債の流通利回りから算定する方法や過去の物価上昇率をふくめ経済統計から推計する方法もありますが、あくまで予想です。けっきょくは個々の経済主体が主観的に判断するものであり、理論的に説明したり計測したりできるものではありません。

にもかかわらず、黒田総裁は日銀が二％の物価上昇目標をかかげれば、「予想物価上昇率」が上昇し、実質金利が低下すると自信満々にいっていたのです。

金利には名目金利と実質金利があります。

名目金利とは物価の上昇を考慮しないで、額面どおりに見た表面上の金利のことで、「定期預金の金利が一・五％」となどというときの金利です。

これにたいし、物価の上昇を考慮した、実質的な金利のことを実質金利といいます。名目金利から物価上昇率を割り引いたものです。

通常、「実質」は「名目」を物価上昇率で割り引いたものですが、金利は「これからの一年」が対象なのに、物価上昇率は「これまでの一年間」の上昇率であり、計算期間がちがいます。そこで計算期間を金利にそろえて、「これからの一年間」の物価上昇率をかんがえるとなると、それは「予想」にならざるをえないわけです。

図２―８　「異次元の金融緩和」と消費者物価の関係

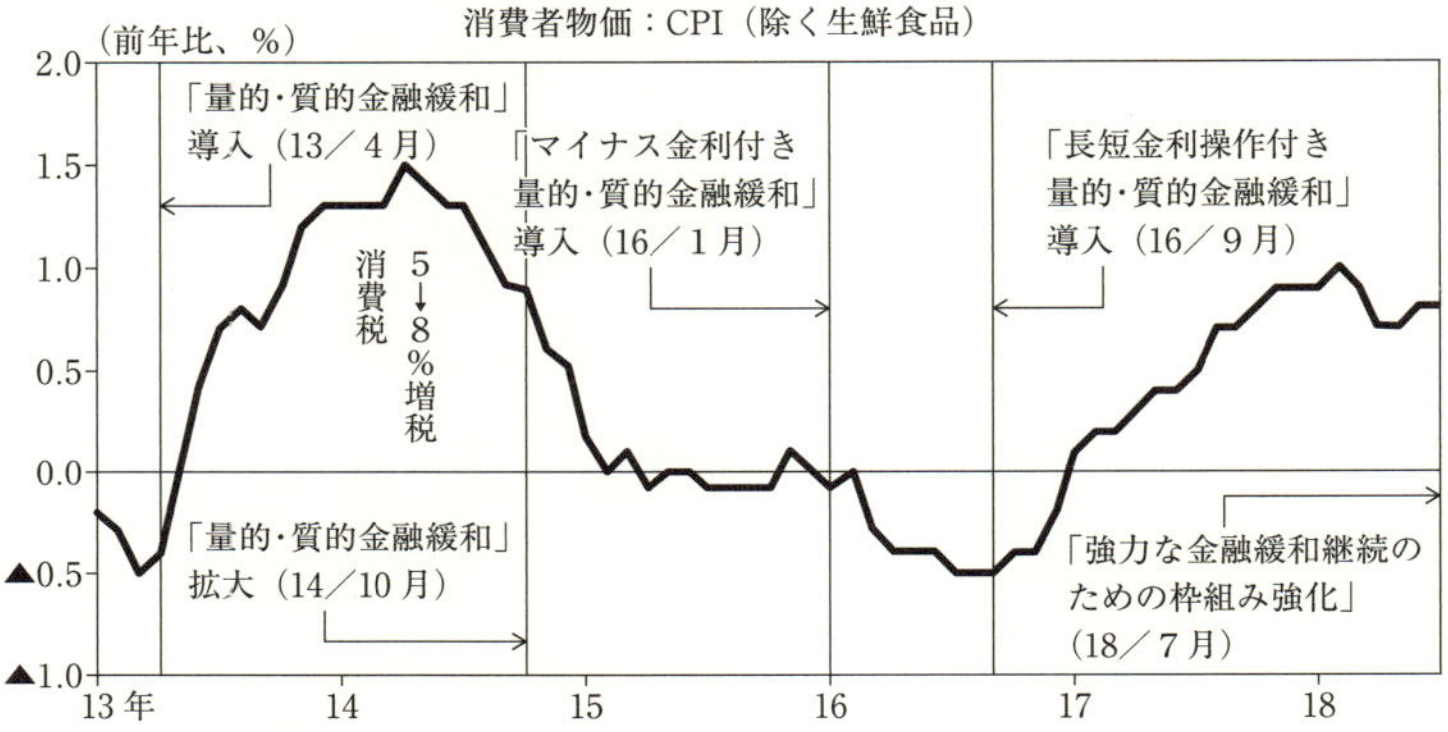

（注）　消費税調整済み。
（出所）　総務省。

したがって、名目金利を「予想物価上昇率」で割り引いたものが実質金利となります。

たとえば、名目金利が三％で、「予想物価上昇率」を一％とするなら、実質金利は約二％です（1.03÷1.01＝1.0198）。名目金利が三％で、「予想物価上昇率」を二％とみるなら、実質金利は約一％です（1.03÷1.02＝1.0098）。

このことから、黒田総裁は、日銀が二％の物価上昇目標を約束すれば、「予想物価上昇率」が上昇し、実質金利は低下すると主張したのです。

しかし日銀が二％の物価上昇目標をいくら叫んでも、「予想物価上昇率」は高まりませんでした。なぜなら人びとのあいだには、物価上昇への期待感より、物価上昇への抵抗感のほうが強かったからです。黒田総裁も二〇一四年に物価目標達成の阻害要因を聞かれたとき、「消費者の値上げに対する抵抗感」を指摘していました。

実体経済をよくすることなしに、いくら机上で予想をたてても無意味なのです。

図2―8は、「異次元の金融緩和」と消費者物価の関係をしめしたものです。「異次元の金融緩和」の方策（一二五ページの表2―1も参照）をいくらおこなっても目標である二％の物価上昇率は実現できませんでした。

以下、「異次元の金融緩和」の各方策について具体的に検証したいとおもいますが、「マイナス金利」だの「イールドカーブ」だの、聞きなれないことばがでてきますので、先に金利について基本的な点だけ整理しておきます。

短期金利は日銀が誘導する

そもそも金利とはなんでしょう。

お金を借りると、借りたお金に利息をつけて返さなければなりません。利息はいわば借りたお金のレンタル料です。借りたお金にたいし何％のレンタル料を支払うかをしめすのが金利です。たとえば金利が五％なら、借りた金額にたいし五％のレンタル料＝利息を支払う必要があるということです。金利は基本的に年率であらわします。

金利には名目や実質のほかにも、短期金利と長期金利があります。

図2—9　金利はどう決まるか

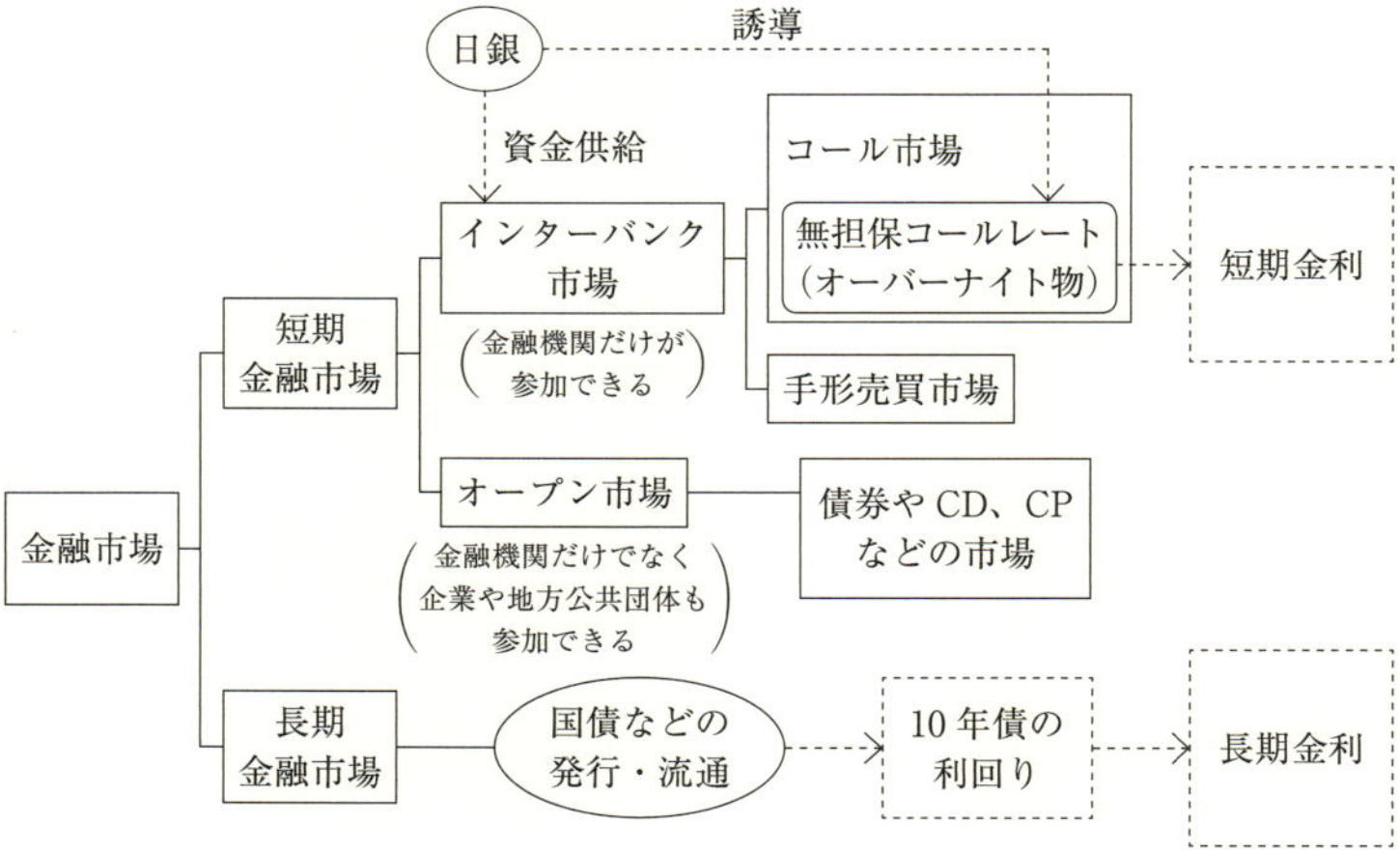

短期金利は、取引期間が一年未満の資金を貸し借りする際の金利です。

長期金利は、取引期間が一年以上の資金を貸し借りする際の金利です。

図2—9に短期金利と長期金利がきめられる流れをしめしました。

短期金利はどうやって決まるのでしょう。

金融市場（お金の貸し借りをする市場）には、一年未満の資金を貸し借りする「短期金融市場」というものがあります。このなかには、金融機関だけが参加できる「インターバンク市場」というものがあって、さらに金融機関どうしが短期の資金を融通しあう「コール市場」というものがあります。

コールという呼称は「呼べば応える」という意味です。銀行は預金を長期の貸し出しに回しため、預金の払いもどしなど短期資金が足りなくなることがあるのですが、そういうときに、手元資金に余裕がある他の銀行からすぐ借りることができるのが「コール市場」です。

「コール市場」でもっとも代表的なとりひきが「無担保コール（オーバーナイト物）」です。文字どおり、無担保で借りて翌日に返済するとりひきです。このとりひきに適用される金利を「無担保コールレート（オーバーナイト物）」といいます。この「無担保コールレート（オーバーナイト物）」が短期金利の指標になります。

日銀は、この「無担保コールレート（オーバーナイト物）」を「何％に誘導する」ということを政策目標にしてきました。

金利もふつうのモノやサービスとおなじで、需要と供給の関係できまります。金融市場でお金が不足している状態だと高い金利でもお金を借りようとするので金利は上がりますし、お金が余っている状態だと金利は下がっていきます。

したがって、日銀が銀行から国債などを買ってかわりに銀行に資金を供給すると、「インターバンク市場」に出回るお金の量が増えて金利は下がります。こういうしくみ等を活用して、日銀は短期金利を調節してきたのです。

長期金利は国債の利回りできまる

いっぽう長期金利は、新しく発行される満期まで一〇年の国債の利回りできまります。利回りとは、投資した金額に対する収益の割合のことです。つまり、国債を買ったお金にたいして、いくらもうかるかをしめす比率です。数年にわたる投資でも、一年当たりの平均になおした数字をつかいます。

新しく発行される一〇年国債の利回りが、長期金利となり、住宅ローンや銀行融資の目安につかわれています。

その利回りは、国債市場におけるとりひきできまります。

国債は、政府が発行したあと、国債市場で買い手が少なければ価格が下がり、利回り（金利）が上がります。はんたいに買い手が多ければ価格が上がり、利回り（金利）は下がります。

いったいどういうことでしょう。

図2―10にその関係をしめしました。

国債は発行時に額面価格と年利率が決まっています。満期のときには、額面価格に利子が付いてお金が返ってきます。

たとえば、額面一万円で年率五％の一〇年債を買うとします。一万円で買った国債で五〇〇円

図２―10　国債の価格と利回り（金利）の関係

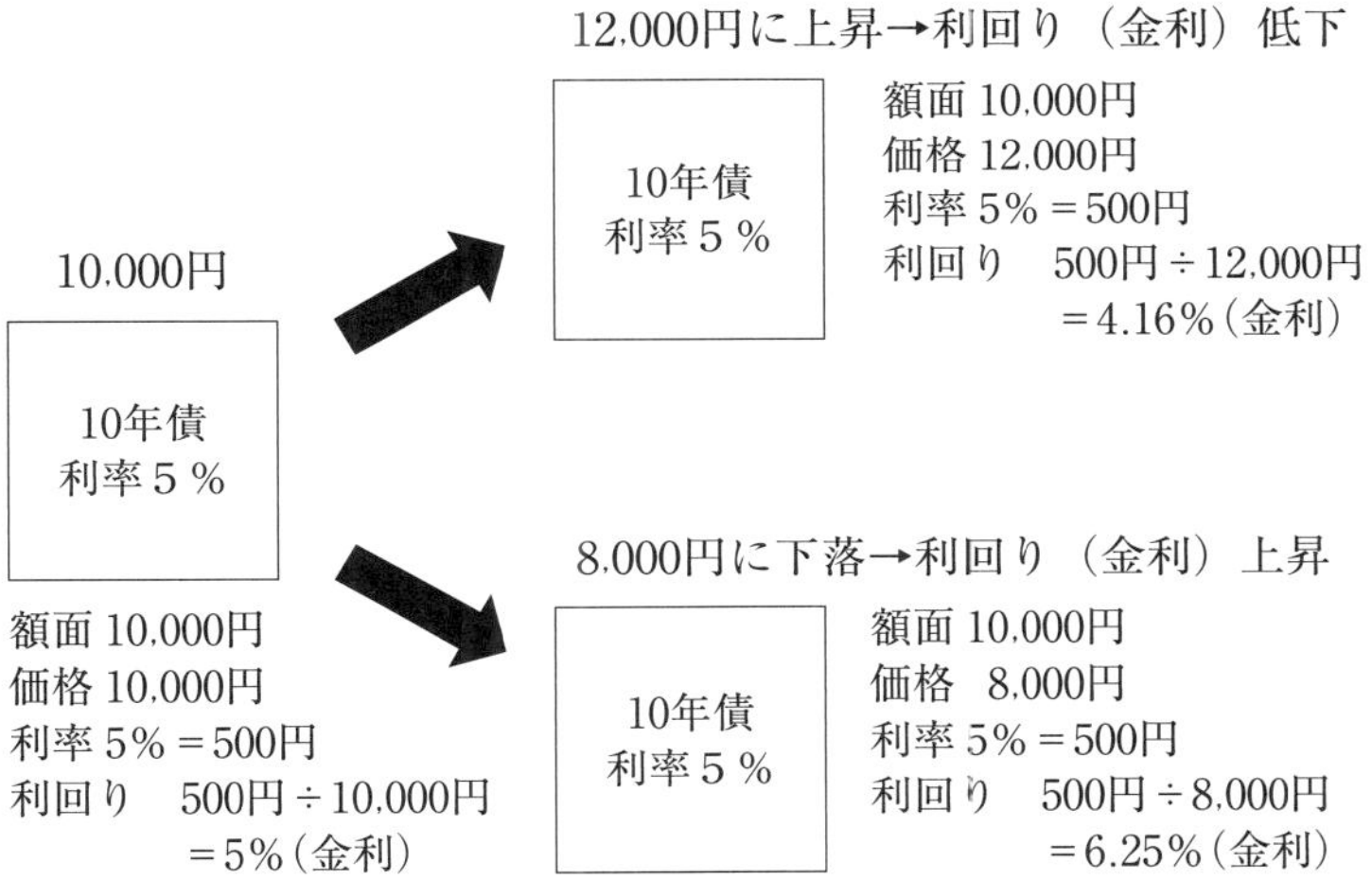

もうかるので、そのときの利回りは、500÷10,000＝0.05で、五%です。

その国債の価格が一万二〇〇〇円に値上がりしたときに買うと、一万二〇〇〇円で買った国債で五〇〇円もうけることになり、利回りは、500÷12,000＝0.0416で、四・一六%になります。価格は上昇したものの、利回り（金利）は低下します。

逆に八〇〇〇円に値下がりしたときに買ったら、利回りは500÷8,000＝0.0625で、利回りは六・二五%となります。価格は下落したものの、利回り（金利）は上昇します。

現在は日銀が「異次元の金融緩和」という異常政策で長期金利を〇%程度に抑えていますが、いずれ限界がおとずれます。また国が財政の信用をなくし国債が売れなくなれば、国債価格は急落し、長期金利は急騰します。そうなれば、企業の借入金や住宅ローンなどの金利が急上昇し、大きな経済パニックを引きおこすことになります。

マイナス金利ってなに?

図2―8（一三〇ページ）にしめしたように、日銀が長期国債の購入額を五〇兆円から八〇兆円に増やしても、物価は上昇率二%どころか、マイナスになってしまいました。

二〇一六年の年始めからの株価の急落と円高の進展という金融市場の大波乱をうけ、黒田日銀は一月二九日、とうとう、「マイナス金利」導入という前代未聞の政策を打ちだします。

ふつうは預金をすれば利息がつきますが、「マイナス金利」とは預金をすると逆に利息を支払わなければならなくなる、つまり、預金が目減りするということです。

しかし個人や企業の預金の金利がマイナスになるわけではありません。そんなことをすれば、みんな銀行から預金を引き出して「取り付け騒ぎ」がおき、大パニックになるからです。

日銀の打ちだした「マイナス金利」とは、金融機関が日銀に預ける当座預金のうち、必要分をこえて新たに預け入れる部分（政策金利残高）の金利を現行の〇・一%からマイナス〇・一%に引き下げることでした（それ以外の部分については、〇%~〇・一%の金利がつく）。

日銀の説明によれば、「マイナス金利」の効果は、およそつぎのようなものでした。

前述のように、金融機関どうしがお金の貸し借りをする「短期金融市場」（インターバンク市場）というものがあります。ここでの金利が短期金利の指標になります。

金融機関は日銀にお金を預けていると損失をこうむりますから、「短期金融市場」で、いくら低い金利でもいいから貸そうとします。この競争のなかで、短期金利全体が下がります。短期金利が下がれば、実質金利も下がり、企業や家計の経済活動を活性化させるだろうというものです（図2—11）。

図2—11　日銀のマイナス金利政策とは？

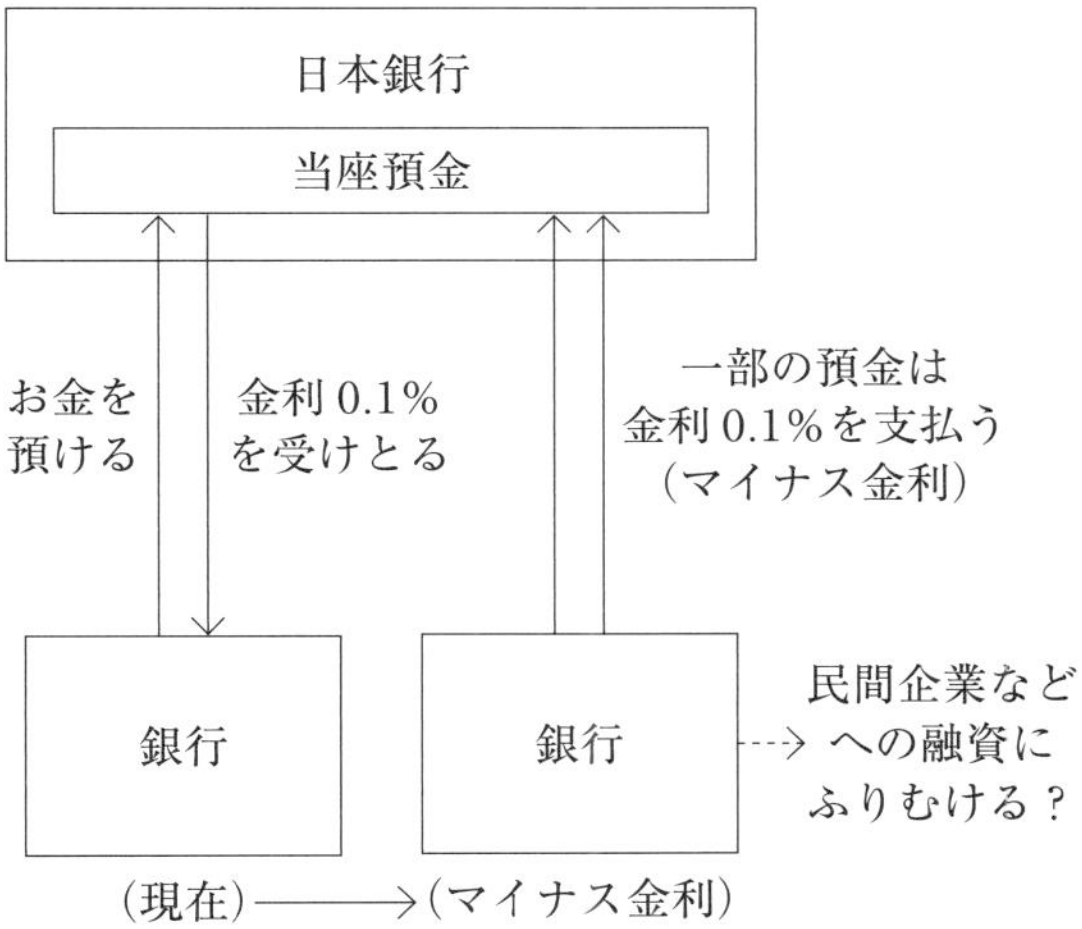

しかし内需が低迷していて国内に融資先が増えないもとで、「マイナス金利」を導入しても貸し出しは増えません。「マイナス金利」以前に、金利はすでに大きく下げられてきましたが、設備投資の増加にほとんどつながっていきませんでした。実質賃金が下がりつづけるもとで消費も冷え込んできましたから、民間需要が増えず、設備投資が盛り上がるわけはないのです。

また「マイナス金利」は、あまりにも副作用の大きい金融政策です。「マイナス金利」のもとで、金融機関も受けとる貸出金の利息と支払う預金の利子との差額、いわゆる利ザヤがこれまで以上に縮小し、経営を圧迫されるようになりました。その結果、「マイナス金利」は、金融機関のマネーを、国内よりも、金利のかせげる海外に向かわせることになってしまったのです（一七六ページ以下で後述）。

なにをやっても物価上昇には結びつかず、購入した国債だけが増えつづけるだけ。ついには「マイナス金利」という奇策にまで踏みこみましたが、それでも物価は下落しつづけました。「マイナス金利」は、「予想物価上昇率」を高めることに失敗した日銀の苦肉の策だったのかもしれません。なぜなら、前述のように、実質金利＝名目金利－「予想物価上昇率」という関係になります。名目金利のマイナスを拡大していけば、「予想物価上昇率」が変わらなくても、実質金利を下げることができるとかんがえたのではないでしょうか。

いずれにせよ、この時点で「異次元の金融緩和」の破たんはもはやあきらかであり、日銀は根本的な方向転換をかんがえるべきでした。

教科書をふみはずした日銀

ところが、二〇一六年九月、日銀は従来の金融政策の「総括的な検証」をおこなったとし、こんどは「イールドカーブ・コントロール（長短金利操作）」という、ふつうの人にはよくわからないことをいいだします。

「イールド」とは、利回り（投資による収益）のことです。

「イールドカーブ」は、債券に投資したお金が償還されるまでの残存期間と利回りの関係をあらわす曲線です。

通常、利回りは残存期間が短いほど低く、長いほど高いため、グラフは右上がりの曲線になります。

利回りは、残存期間だけでなく、日銀の金融政策や政府の経済対策、人びとが将来の景気をどのように見ているかなどもふくめてきまっていきます。いまより将来は景気がよくなると予想する人が多ければ、長期金利と短期金利の差はひらき、曲線のカーブは急になります。反対に、これから景気はわるくなると予想する人が多ければ、長期と短期の金利差は縮小して、曲線のカーブはゆるやかになります（図２—12のとおり）。そのため、「イールドカーブ」の傾き度合いは、将来の景気の動向をうらなう指標としてもちいられてきました。

通例では金融機関は、金利の低い短期債・短期借入金で資金を調達して、金利の高い長期債・長期借入金で運用し、その金利差で稼いできました。つまり「イールドカーブ」の傾斜が急なほど金融機関はもうかり、傾斜が平たんになるともうけが少なくなるということです。ところが「異次元の金融緩和」のために、長期金利と短期金利の差がなくなってしまい、金融機関の経営が圧迫されるようになったのです。

とくに「マイナス金利」のせいで経営が苦しくなったとの金融機関からの批判をやわらげるために、日銀がおこなったのは、長期金利と短期金利の操作をおこなって、「イールドカーブ」を立たせること（スティープ化）でした。これを「イールドカーブ・コントロール」といいます。具体的には、短期金利は日銀当座預金のうち「政策金利残高」とよばれる部分にマイナス金利を適用し、長期金利は一〇年物国債金利がゼロ％程度で推移するように長期国債の買い入れをおこないます。

図2—13は、「イールドカーブ」の変化をあらわしたものです。「異次元の金融緩和」に入るまえの①のカーブは傾斜が急でしたが、「マイナス金利」などの結果、長期金利が大幅に低下し、一六年九月には②のカーブまで平たん化しました。その後、「イールドカーブ・コントロール」をおこなって、現在は③のカーブになっているということです。

しかし、そもそも短期金利は金融政策で操作することはできても、長期金利を操作することは

図２―12　イールドカーブ（利回り曲線）とは？

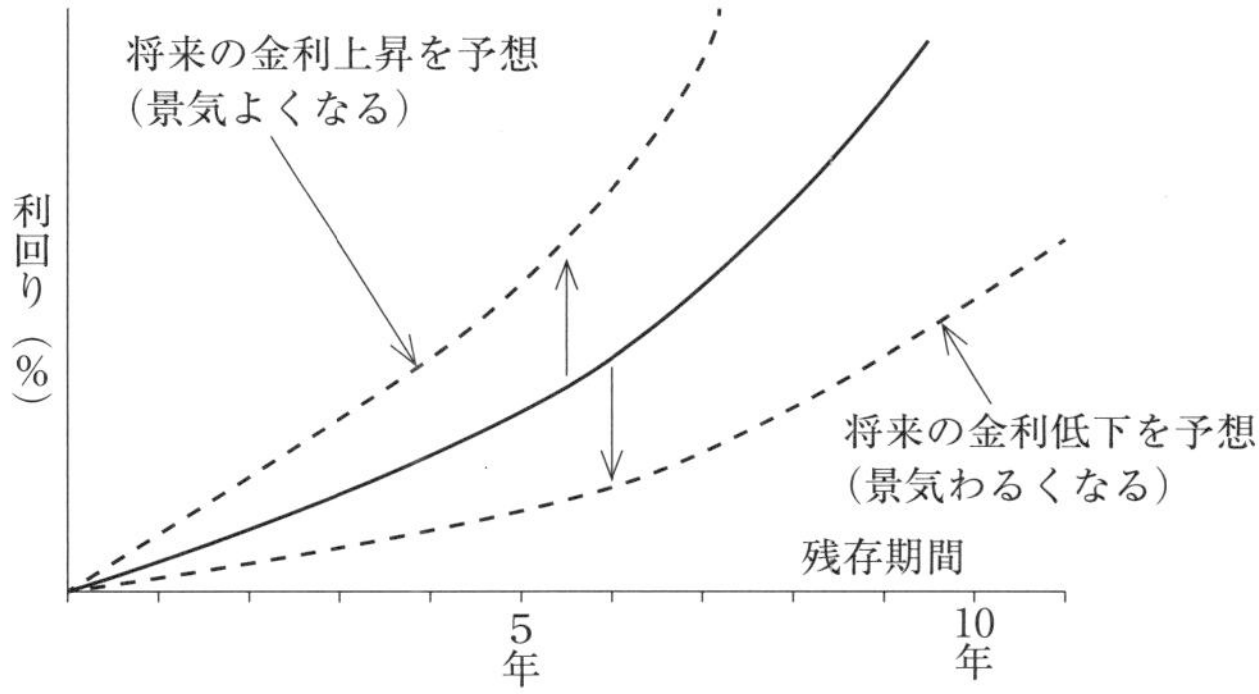

図２―13　「異次元の金融緩和」以降（2013年）のイールドカーブの変化（1989〈平成初〉年からもふくむ）

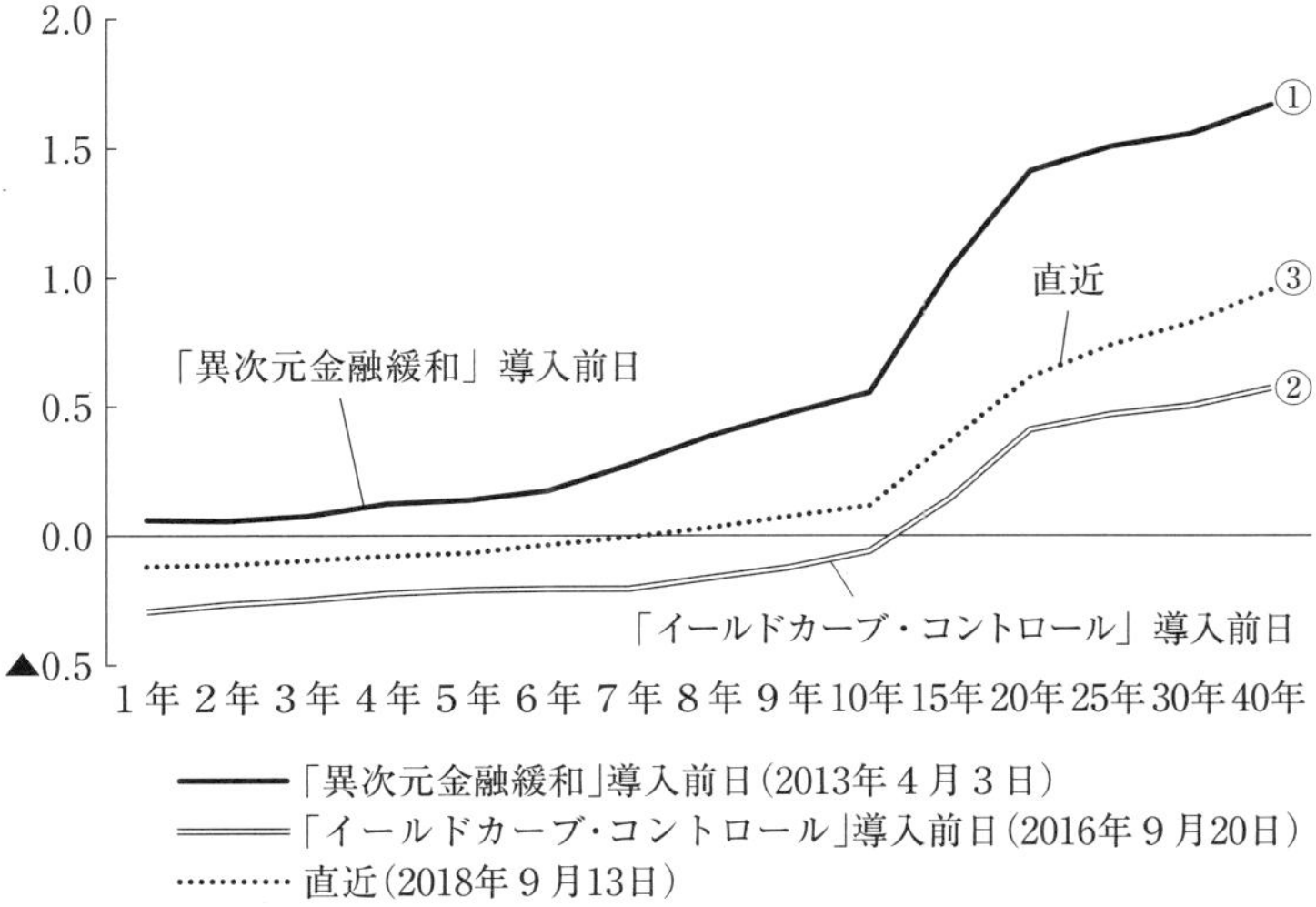

できないというのが経済の教科書に書いてあることです。

なぜなら長期金利は、短期金利の動向に、人びとの将来予測が加わって決定されるものだからです。

たとえば、これから景気がよくなるという予測が強まれば、資金需要も高まるとの見込みから、長期金利は上昇します。反対に景気がわるくなるという予測が強まれば、長期金利は低下します。長期金利は市場が決定するもので、日銀が決定できるものではないのです。

にもかかわらず、黒田総裁は「イールドカーブ・コントロール」で長期金利をコントロールできるといいだしました。

なぜ教科書とちがうことをいうのか。

それは日銀自身がすでに教科書を踏みはずしてきたからです。

長期金利と国債は表裏一体の関係にあります。国債価格が下がれば、国債の利回りが上昇し、それに連動して長期金利も上がります。反対に国債価格が上がれば、長期金利は下がります。

日銀はその国債を先にみたようにあまりにも大量に保有している。そのため国債の価格や利回り、すなわち長期金利の決定に大きな影響をあたえることができるようになっています。

つまり本来、市場がきめるべき長期金利が、日銀の思惑で左右されるという異常な状況にあるということです。だから長期金利をコントロールできるなどといいだしたのです。

こんな国は世界で日本だけです。

もはや黒田日銀の方策は経済の実態からかけ離れ、失敗つづきにもかかわらず、それを認めたくないためにただ意固地になっているとしかおもえません。こんなことをつづけていると、いずれ日本にたいする市場の信頼も失墜し、国債の急落など経済パニックを引きおこしかねません（一八二ページ以下で後述）。

「バズーカ砲」から「水鉄砲」へ

「マイナス金利」もふくめ銀行の経営を圧迫してきたのは日銀自身です。一部のマスコミは「イールドカーブ・コントロール」を「量から金利へ」の新しい金融政策のように持ち上げましたが、わたしにはただの「マッチポンプ（じぶんで火をつけてじぶんで消すこと）」にしかおもえませんでした。

黒田総裁になってから、日銀の説明のなかに、「イールドカーブ」だの「スティープ化（傾斜を急にする）」だの、「テーパリング（だんだん減らすこと）」だの、「オーバーシュート（行き過ぎてしまうこと）」だの「フォワードガイダンス（政策の方向をしめすこと）」など、日本語でいえばいいことを、わざわざ専門家にしかわからないカタカナ語で表現することが増えてきました。政策当局がカタカナを多用するときは、国民をごまかそうとしている場合が多い、というのがわたしの国会での経験です。日銀も、「量」の政策が破たんし、「マイナス金利」もうまくいかない、

お手上げ状態をごまかすだけの迷走状態にはいっている
ことの証しだとおもいました。

そして二〇一八年四月、安倍首相の意向で黒田総裁が再任され、「アベ銀行」とその政策である「異次元の金融緩和」は継続されることになりました。

そのため、さらに日銀の破たんごまかし路線はつづきます。

一八年七月末の政策決定会合では、「強力な金融緩和継続」といいながら、事実上の政策修正をおこないました。長期金利の誘導幅を上下〇・二%程度にひろげたのです。

これは「マイナス金利」によって銀行の貸し出し金利が低下し、経営を圧迫してきたことから、日銀が金利の引き上げを容認したことを意味します。

どうじに、マイナス金利を適用する日銀当座預金の残高を、一〇兆円程度から五兆円程度に引き下げました。これも銀行にとっては負担減となります。

安倍首相に日銀総裁再任のあいさつをする黒田氏（2018年4月）［首相官邸ホームページ］

ごまかしといえば、日銀は、「イールドカーブ・コントロール」を打ちだしたあと、国債保有残高の増加ペースを減速させています。いわゆる「ステルス・テーパリング」（隠れた国債購入減額）です。

政府の国債の毎年の新規発行額が三十数兆円の水準のもとで、日銀が毎年八〇兆円に相当するペースで国債保有残高が増えるように購入しつづけると、新規発行国債にくわえ、市中にある過去に発行された国債までほとんど日銀が購入し保有することになってしまいます。異常な規模の国債購入に限界があることは最初から誰にでもわかることでした。

いくら国債を買い入れても、二％の物価上昇目標は達成しない。かといってこのままのペースで買いつづけるわけにはいかない。いい加減に「異次元の金融緩和」の誤りを認め、反省して一から出直すべきでした。

ところが黒田日銀は、「イールドカーブ・コントロール」を隠れみのにして、こそこそと「ステルス・テーパリング」に踏みだしたのです。

こうした経緯をみれば、「異次元の金融緩和」の破たんは、もはや誰の目にもあきらかです。日銀だけががんこにそれを認めず、抜本的な方向転換もできないまま小手先の対応ばかりつづけているのです。

黒田「バズーカ砲」といわれたときもありましたが、いまは日銀への批判を「ポンプ」どころか「水鉄砲」程度の力で鎮火させようと躍起になっているようにしかみえません。

二％の物価上昇目標に意味なし

そもそも二％の物価上昇目標とはなんだったのでしょう。

黒田総裁は二〇一三年四月に就任したときに「消費者物価の前年比上昇率二％の『物価安定の目標』を、二年程度の期間を念頭に置いて、できるだけ早期に実現する」と表明しました。

ところが、二％の物価安定の目標の達成時期はその後、六度も先送りされ、一八年四月には、とうとう「経済・物価情勢の展望」（展望リポート）から二％の物価目標の達成時期にかんする記述そのものを削除してしまいました。

二〇一八年五月の参院財政金融委員会で、黒田日銀総裁にたいし、わたしはつぎのように指摘しました。

「五年もやって達成できないのだから、二％の物価目標はもうやめたらどうか。この目標があるために日銀は自分で自分の首を絞めて、身動き取れない状況におちいっているのではないか」。

しかし二％の物価目標を達成するまで、どうしても「異次元の金融緩和」はやめないというのです。

日銀は二％の理由について、主要国の中央銀行の多くが二％目標を設定している、つまり「グローバル・スタンダード」だからと説明してきました。

たしかにアメリカやイギリス、カナダなどの中央銀行は二％目標をかかげていますが、それは政策運営上の目安であって、日銀のように思い詰めたはなしではありません。

日銀法第二条には、「日本銀行は、通貨及び金融の調節を行うに当たっては、物価の安定を図ることを通じて国民経済の健全な発展に資することをもって、その理念とする」とあります。日銀が目標とすべきはあくまで「物価の安定」であって、ある物価目標値を意固地になって実現することではありません。

だいたい日本において、消費者物価の前年比上昇率二％を実現したことがあるのは、戦後の高度成長期と、一九八〇年代はじめから九〇年代はじめにかけての「バブル」期ぐらいです。

黒田総裁は、二〇一八年三月六日の参院議院運営委員会で、二％の物価目標が達成できていない理由についてつぎのようにのべています。

「大きな要因は、長年にわたるデフレの経験から家計、企業経営者のあいだに根づいた『デフレマインド』です。価格が上昇しないことを期待した経済行動が定着しており、こうした期待を変えていくにはある程度時間を要することが明らかになってきました」。

「デフレマインド（心理）」とは、これからも物価は上がらないだろうという人びとの気持ちのことです。それが家計や企業経営者の経済行動を消極的にしているから、経済が活発化せず、物価もあがらないというわけです。ようするに「病は気から」というような非科学的なはなしです。

国民は、物価が上がらないと予測して消費を控えているわけではありません。賃金が上がらず年金が減らされ、社会保障の負担増や消費税増税があるから、消費を抑制せざるをえないのです。

企業経営者も、物価が上がらないと予測して設備投資を控えているのではありません。国内需要が低迷しているから、設備投資を増やせないのです。

デフレの原因は、賃金引き下げ

日本がデフレにおちいった原因は、安倍首相や黒田総裁がいうように、金融緩和が足りなかったわけでも、人びとの「気の持ちよう」のせいでもありません。九〇年代後半から政府・財界が一体となってすすめてきた賃金引き下げ政策がデフレの原因です。

一九九五年、日経連（日本経営者団体連盟。二〇〇二年に経団連と統合）が発表した「新時代の『日本的経営』」は、それまでの終身雇用や正社員が基本の雇用制度を抜本的に見直し、非正規雇用の拡大など雇用の流動化による賃金引き下げ策を打ちだしました。

バブル崩壊後の不況がまだつづいているときに、財界はわざわざ賃金引き下げにふみだしたのです。

政府も財界の要求にそって、労働法制の「規制緩和」をすすめ、低賃金の非正規労働者をどんどん増やしていきました。

さらに、不況でモノが売れないことから、企業間の値引き競争がおこなわれ、「ユニクロ現象」「価格破壊」ということばが流行語になりました。モノの値段を下げるために徹底的なコストダウンがすすめられ、それを可能にしようとさらに賃金が抑えこまれたのです。犠牲を労働者と国民に押しつけたわけです。

つまり日本経済は、「バブル後の不況」→「政府・財界の賃金引き下げ政策」→「国民の購買力の低下」→「モノが売れない」→「売れないからモノの値段が下がる」あるいは「値段を下げて売ろうとする」→「そのためのコストダウン」→「賃金の下落」→「国民の購買力の低下」→「物価の下落」……という賃金の下落と物価の下落が連鎖する悪循環におちいったのです。

労働者の賃金が下げられることにより消費が抑えられ、物価が持続的に下がることを「賃金デフレ」といいます。日本のデフレは政府・財界の賃金引き下げ政策がつくりだした「賃金デフレ」であり、金融政策の結果ではありません。したがって日銀の「異次元の金融緩和」では、デフレは解決できません。

意図的な賃金引き下げ政策がつくりだしたデフレですから、意図的に賃金を引き上げる政策を実行するしかデフレから脱却する方法はないのです。そのためには、非正規雇用から正社員の流れをつくる規制強化や、中小企業に手厚い支援をおこないながら最低賃金を大幅に引き上げるなど、具体的な賃金引き上げ策をただちに実行することです。

二〇〇一年当時、国会でデフレ脱却するには賃金引き上げしかないと主張するのは日本共産党だけでしたが、あれから十数年がたち、内閣府の「日本経済二〇一六―一七」（ミニ経済白書）などでも、デフレ脱却には賃金上昇が必要と言及するようになり、安倍首相も賃金引き上げの重要性を認める答弁をしてきました。

しかし黒田日銀総裁は一八年三月六日のわたしの質問にたいし、賃金引き上げの必要性は認めつつも、「（「異次元の金融緩和」という）金融政策によって実質金利を引き下げ、それによって消費や投資を刺激し、経済を拡大して需給ギャップを改善することにより、賃金や物価が上昇していくということを企図している」と、あくまで金融政策によってデフレの克服をめざすことに固執しました。

デフレの原因が金融政策とは別のところにあると認めてしまうと、いままでやってきた「異次元の金融緩和」そのものを否定することになるからでしょう。

しかし、「異次元の金融緩和」そのものが、賃金引き上げどころか、実質賃金を引き下げる役割をはたしてきたことも指摘しておかなければなりません。

「異次元の金融緩和」は円安をもたらしましたが、円安になれば輸入物価があがり、物価全体を押し上げます。賃金が上がらないもとで物価だけが上がり、このことが実質賃金を低下させた一因にもなったのです。

日本でも世界でも、この十数年、経済格差の拡大が指摘されてきました。

勤労者層の貧困化の根本原因は、資本による搾取の強化にあり、その結果として富裕層に富が集中してきました。

どうじに、経済格差の拡大には、金融政策も関係しています。

フランスを代表する経済学者、ダニエル・コーエンは『経済成長という呪い――欲望と進歩の人類史』でつぎのようにのべています。

「近年、二つの現象が同時に起きている。一つは賃金格差の拡大だ。……もう一つは金融資産の増加である……それら二つの現象にどのような因果関係があるのか」。

「資産価格の上昇と賃金格差とのつながりは次のようにまとめられる。……賃金に下方圧力をかけると、インフレは収まり、金利も低下する。（低金利は金融バブルを発生させ）勝者は金融資産や不動産だ……資産価格の上昇を引き起こすのは賃金デフレであって、その逆ではない」。

つまり、賃金引下げ→デフレ→低金利→金融バブルの発生→資産価格の上昇→富裕層の富の増大→格差拡大、という関係が存在するということです。

逆にいえば、賃金デフレを克服するために、賃金を上げれば、物価が上がり、金利も上がるような状況になれば、金融バブルは終焉《しゅうえん》にむかい、大企業の利益は減少し、富裕層も資産を増やせなくなります。これは安倍政権のコアな支持者の利益に反することです。安倍政権が日本のデフレを賃金デフレと認めず、本気で賃金引上げをすすめようとしない背景にはこのことがあるのです。

（3）本当のねらいはなにか

すべては株価のために

ここまで「異次元の金融緩和」の破たんについてのべてきましたが、一方で、そもそも安倍内閣が本気でデフレの克服をめざしてきたのかが問われなければならなくなってきました。いまとなっては、それがもっとも疑わしい。

では、デフレ克服にたいする効果は不明でも、「異次元の金融緩和」をはじめればなにがおこるか。誰にでも最初から予測できたことが二つありました（二つ目は一六六ページ以下で指摘します）。

ひとつは、株価が上がるということです。

株価とは、本来、その企業の価値をあらわすものです。

人びとが株式に投資する目的は、投資した企業が生みだす利益から配当金を受けとったり、その企業が成長して利益が拡大し株価が値上がりすることによって利益をえることにあります。つまり「企業価値」の向上を期待して投資するのが本来の株式投資のすがたです。

いっぽう、「企業価値」の向上よりも、株価の変動による利ザヤをねらってお金を投じることを投機といいます。いま株式市場をじっさいに動かしているのは、この投機マネーです。投機マネーは長期的な経済や企業の発展を視野にいれた投資とはちがい、短期利益だけをもとめてうごき回ります。

安倍政権は「異次元の金融緩和」によって、この投機マネーを呼びこみました。

いくつかのルートがあります。

第一は、低金利によって、株への投資が相対的に有利になることです。

低金利 → 債券利回りの低下 → 債券で運用するより、株の投資の方が有利 → 資金が債券市場から株式市場に移動 → 株高、という流れです。

第二は、円安による外国人投資家の呼び込み効果です。日銀が国債を大量に購入し、円をいっきに供給すれば、急激な円安をまねくことは十分予想されました。

円安になれば、日本株が割安になり「値ごろ感」が強まります。日本の株取引の七割以上を外国人投資家が占めるもとでは、この動向が株価を大きく左右します。

第三に、投資家のマインドに与える効果です。前記ふたつのことに加え、円安→輸出大企業が為替差益をえる→利益増大→株価上昇という予測がたてられます。

たとえば、いま一個一ドルでアメリカに商品を輸出している企業が、為替が一ドル八〇円から一二〇円に円安になれば、一個あたり今までより四〇円多く手に入れることができます（じっさいにそうなりました）。輸出大企業にとっては輸出の総数が増えたわけではないのに、莫大な利益が転がりこむことになります。利益が増えれば、連動して企業の株価も上がり、株主、投資家に利益をもたらすことが想定されます（図2―14参照）。

外国人投資家は二〇一二年一二月の総選挙中から、安倍政権が誕生するのは確実とかんがえ、金融緩和すなわち円安政策がおこなわれると予想し、円を売るとともに、日本の輸出大企業の株を「上がる前に買っておこう」とうごいたため、株価が急上昇していったのです。

この株価上昇によって、大株主は巨額の利益を手に入れました。とくに保有株式が一〇〇〇億

図２—14　円安と株高の関係

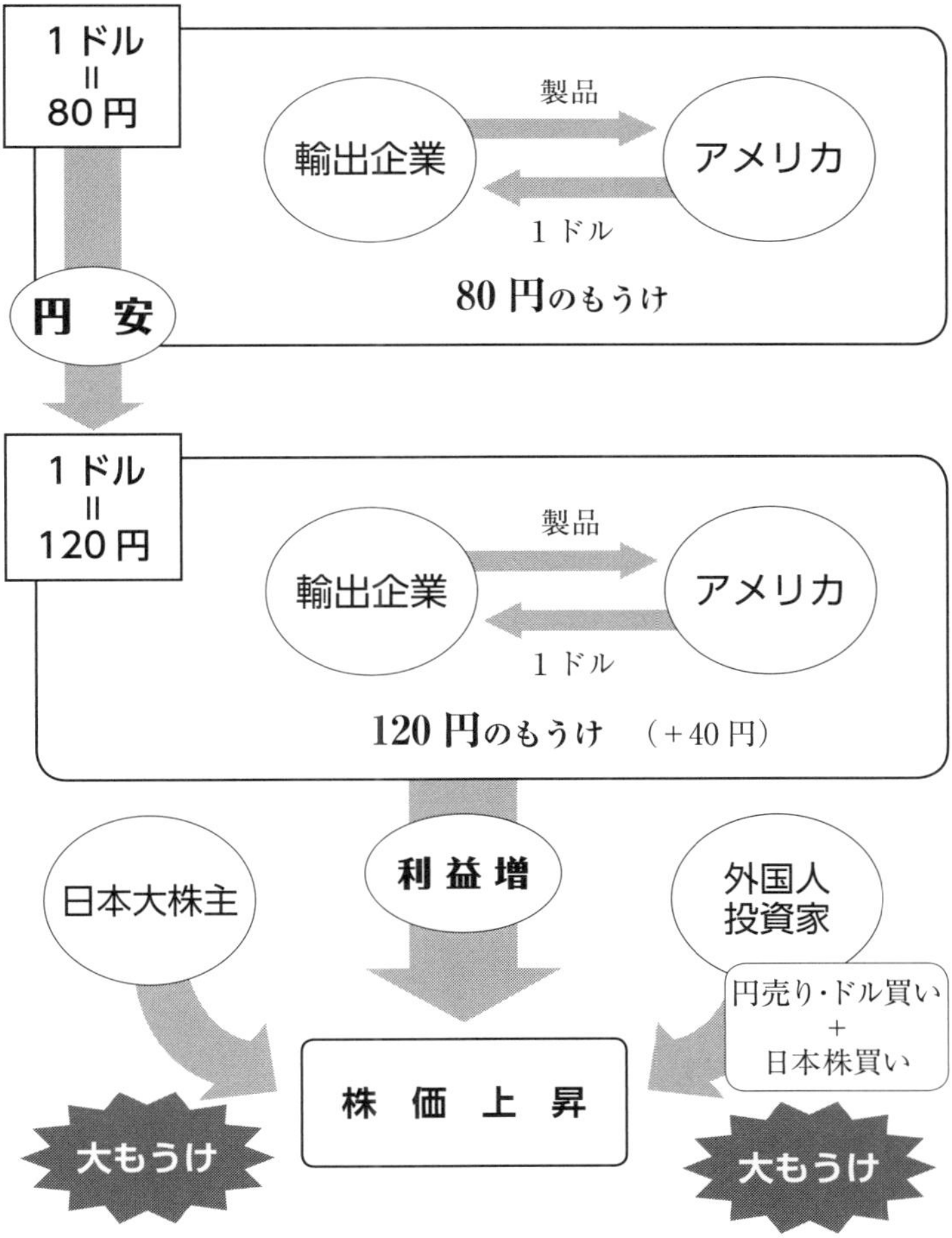

円以上（時価総額）の超大株主は安倍政権の五年九カ月で、保有する株式の時価総額を五倍（三・五兆円→一七・六兆円）にふくらませたのです。

人びとの所得が上がり、消費が拡大し、企業の業績も改善し、日本経済の先行きにも明るい見通しがうまれるという実体経済の回復の反映として株価が上がるなら、それは否定すべきことではありません。

しかし「異次元の金融緩和」による株高は、実体経済の成長をともなわず、一種の金融バブルであり、いずれ破たんするリスクをともなう、きわめて不安定なものです。

黒田総裁は、人びとの「マインド」にはたらきかけるといってきました。消費や物価には影響を与えなかった「マインド効果」ですが、株価引き上げには「立派に」効果を発揮したといえます。

図2―15は、「異次元の金融緩和」と円相場、株価の推移をしめしたものです。

円相場は、二〇一二年総選挙前・一〇月の一ドル七九・七六円から、一八年九月の一一二・三五円の円安になり、株価は同時期で八九二八円から二三四二〇円に上昇しました。「異次元の金融緩和」のおかげで株価は二・六倍以上になり、大企業や富裕層（大株主）は大もうけしたのです。

金融のことから少し離れますが、安倍内閣がすすめた法人税減税もじつは株価対策の一環でした。

図２―15　黒田日銀総裁就任前後からの株価と円相場

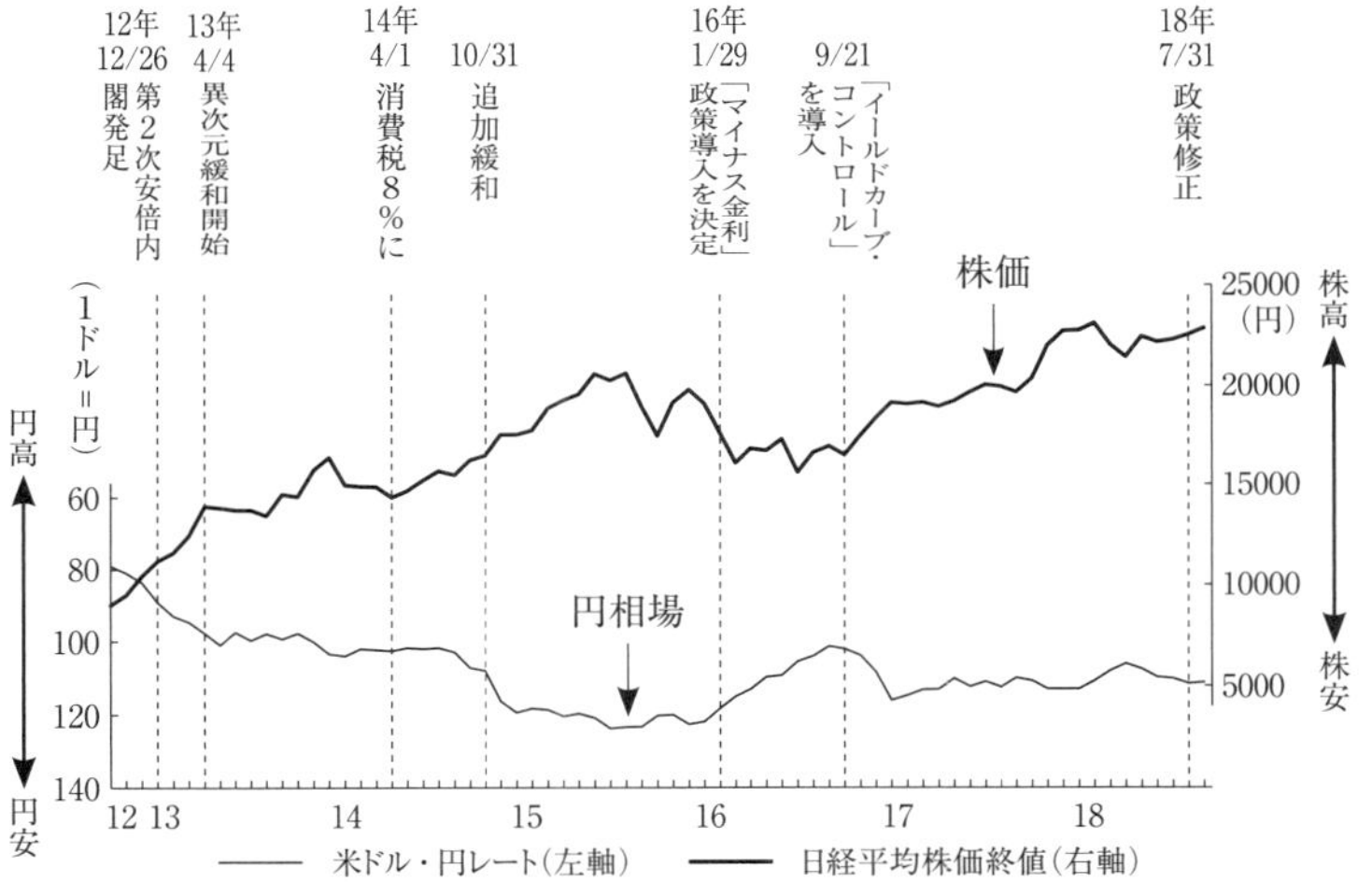

（注）　日本銀行は、2018年7月30・31日の金融政策決定会合において、経済・物価情勢等に応じて長期金利が上下にある程度変動し得るものとするなどの内容をふくむ政策修正をおこなった。

（出所）「外国為替市況（日次）」日本銀行ウェブサイト〈https://www.boj.or.jp/statistics/market/forex/fxdaily/index.htm/〉；「ヒストリカルデータ」日経平均プロフィルウェブサイト〈https://indexes.nikkei.co.jp/nkave/archives/data〉を基に筆者作成。

一二年の総選挙で安倍政権が誕生してから、一三年五月二二日まで株価はほぼ連続して上昇しつづけ、半年間で倍ちかくになりました（図２―15参照）。

しかしアメリカの金融緩和縮小の見通しが強まると、日本経済にも輸出などに悪影響がでるのではないかとの懸念から、五月二三日に株価が急落し、その後も下落傾向がつづきました。

あわてた安倍首相は、株価対策として法人税減税を打ちだします。法人税減税は、その分だけ、企業の税引き後の利益を増やし、株主への配当も増やすことができます。法人税減税が株式投資を増やし、株価の上昇につながることが確実だからです。

このことによって、六月末から株価はふたたび上昇に転じ、その直後の参院選で自民党は議席を増やし、参院での野党多数を解消し、衆参で自公両党が多数を確保することになりました。

この経験が、安倍首相に、株価維持が政権維持のために絶対不可欠な課題だと確信させることになったとかんがえられます。

二〇一六年一月に打ちだされた「マイナス金利」政策のほんとうの目的も、株価引き上げにありました。というのも、一六年一月当時は、日経平均株価は前年末にくらべ、三〇〇〇円以上も下落していたからです。第二次安倍政権が成立し、「異次元の緩和」後は図2―15しめすように右肩上がりです。経済界が安倍政権を評価してきたのは、ひとえに株価が上がったからでした。それだけに一六年一月には、「株価が支え」といわれる安倍政権にとって、株価の回復は至上課題になっていました。

菅義偉《すがよしひで》官房長官は、記者会見で株価急落への対応を問われ、「日銀もしっかり注視していると思う」と、日銀の追加緩和を期待していると強いメッセージをだし（一月二一日）、二九日に日銀が「マイナス金利」を打ちだすと、その日の会見で「政府としてきわめて評価する」と最大限に評価しました。

「マイナス金利」の導入は、物価がどうこうというより、安倍政権の「株価を上げよ」という指示に従っただけの所業としかかんがえられません。

ねらいは「マイナス金利」による円安誘導です。

「マイナス金利」によって日本の金利を下げれば、アメリカとの金利差はさらに広がります。そうなると、金利の高いドルが買われ、金利の安い円が売られる流れになります。「ドル買い・円売り」がすすみ、円安が促進されます。円安になれば、図2―14（一五五ページ）で図示したように輸出大企業の利益が増大し、株高となります。

じっさい日銀の「マイナス金利」導入は、市場をおどろかせ、一月二九日の日経平均株価の終値は前日比で四七六円八五銭高となりました。「マイナス金利」の真のねらいは、日米金利差を利用した、株価の引き上げだったのです。

しかしその後、二月に入ってまもなく、株価は下落を繰り返し、けっきょくマイナス金利決定前の水準にもどり、円の水準もマイナス金利決定前より円高になりました。

中国経済の減速や欧米市場での株価下落など世界経済への不安がひろがるもとで、日銀のマイナス金利をつうじた株価引き上げのストーリーはあっさり崩壊させられたのです。

それまで黒田総裁は、国会などでも、「マイナス金利」をふくめ「異次元の金融緩和」は株価引き上げのためにおこなってきたのでないと答弁してきました。

ところが、二〇一六年三月七日におこなわれた「読売国際経済懇話会」における講演で、黒田総裁はホンネをもらしています（波線は筆者）。

「（マイナス金利）政策導入後、株価は二日間で八〇〇円上昇し、ドル円相場は一時一二一円台となりましたが、その後、米国経済に関する見方の弱気化や欧州の金融機関の問題などをきっかけに、世界的な株安と円高が進みました。新聞には『効果帳消し』といった見出しが並びました。これは正当な評価とはいえません。『マイナス金利付き量的・質的金融緩和』の導入後、金利の低下という効果は既にはっきりと現れています。円の金利が低下したことや、さらなる追加緩和が可能であるということは、他の条件を一定とすれば、資産価格にはポジティブな影響を与えます。すなわち、株高、円安の方向に力を持っているはずです。現在はそれ以上に、世界的に投資家のリスク回避姿勢が過度に広がっていて、その力が強いということです。ただし、日本経済や日本企業のファンダメンタルズは強いこと、今申し上げたとおりこの政策の効果は極めて強力であることを考えると、投資家が冷静になるにしたがって、市場は落ち着いていくものと考えられます」。

つまり「マイナス金利」が株高に力を持っているということを経済界にアピールしているのです。

どんな副作用があろうが、安倍政権のために尽くす――黒田日銀は骨の髄まで「アベ銀行」になり果てたと、そのときおもいました。

その後、一六年一〇月から一七年二月にかけて、急激な円安が進行し、株価も上昇します。それはアメリカのトランプ新政権が大規模な財政政策をとる可能性が高まり、アメリカの金利が上がると予測されたからです。

一方、日銀は「イールドカーブ・コントロール」を導入し、低金利を固定化しようとしていましたから、市場は日米の金利差が拡大すると予測。「ドル買い／円売り」がすすみ、円安となり、株価を上昇させたのです。

「池の中のクジラ」になりたい

株価の上昇で「景気回復」を演出したい安倍政権は、金融政策だけなく、日銀マネーで直接、株価をつり上げ、維持することをもとめました。

まさに究極の「アベ銀行」といわなければなりません。

二〇一三年四月の「異次元の金融緩和」開始以来、黒田総裁が、唯一ぶれずにおこなってきたのが、株価を支えるためのＥＴＦ（株価指数連動型・上場投資信託）の購入でした。

一四年一〇月に年間買い入れ額を約一兆円から三兆円に三倍に拡大、さらに一六年七月には六兆円に倍増しました（図2―4、一一〇ページも参照）。

黒田総裁は、ＥＴＦの購入目的は、「リスク・プレミアムの低下をつうじて資産価格を下支えする」ことにあると説明してきました。

つまり、日銀がＥＴＦをつうじて株を買い入れることによってできるだけ株価が下がらないようにして、リスクの大きい株式投資の負の面を小さくし、企業や個人の株への投資を活発化させることが目的だというわけです。

そもそも株式への投資促進は、中央銀行の仕事ではありません。

前述しましたが（一四七ページ）、日銀法第二条がいうように「物価の安定を図ることを通じて国民経済の健全な発展に資する」ことが、その役割です。そのために、政府から一定独立した立場で、中立的・専門的な判断による金融政策をおこなうのが仕事です。

しかも年間六兆円もの巨額の株の購入となると、事実上のＰＫＯ（価格維持操作）です。じっさい、市場関係者のはなしによれば、株が下がる局面になると必ず日銀の買いが入る。それを前提にした株の売買がおこなわれているといいます。

あとで（一九三ページ以下）くわしくふれますが、ＧＰＩＦ（年金積立金管理運用独立行政法人）も、おなじく大量の株を購入しており、日銀とＧＰＩＦを合わせた公的マネーが保有するＥＴＦの時価総額の推移は、図2―16のようになっています。

日銀が保有するＥＴＦの時価総額は、二〇一八年九月末時点で二九兆円に達し、ＧＰＩＦ（四三・四兆円）と日銀を合わせた公的マネー全体では、約七一兆円にもふくらんでいます。東証一部の時価総額に占める比率も一〇・六％となり、国内株の一割以上を公的マネーが占め、株価を

図2—16　日本国内株式市場での公的マネーの推移

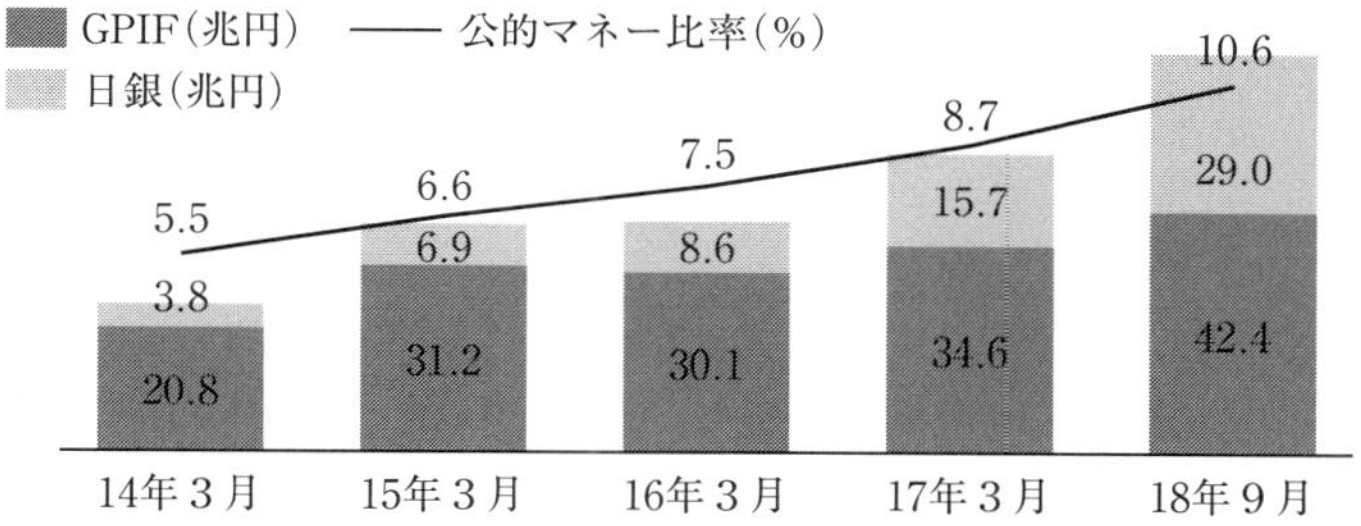

(注)　時価ベース。公的マネー比率は、新興市場もふくむ国内株式時価総額に対する比率。

支えるという異常事態になっています。

いまや株式市場における公的マネーの存在は、「池の中のクジラ」(池ほどの非常に小さいところに巨大なクジラがほうりこまれたため、クジラ自体も生きていけず、池もこわれてしまったという喩《たと》え)とも呼ばれるようになっています。

公的マネーが筆頭株主になっている企業も増えてきました。

日本共産党の経済・社会保障政策委員会責任者である垣内亮《あきら》氏の試算では、二〇一八年六月末時点での推計で、東証一部上場企業(二〇九〇社)の中では三四・五%(七二二社)、「日経225」株価指数の計算対象に組み入れられている大手企業二二五社に限定すれば、なんと八四%(一八九社)で、公的マネーが筆頭株主になっています(『経済』一八年一二月号・垣内論文参照)。

「しんぶん赤旗」(一八年七月一九日付)の推計では、一八年三月末時点で、公的マネーの投入額が多い上位一〇社は表

表２—２　公的マネー投入額の多い企業

	企業名	公的マネー（億円）			公的マネーが筆頭株主
		GPIF	日銀	計	
1	トヨタ自動車	13,562	5,936	19,497	○
2	ソフトバンクG	5,254	6,091	11,345	
3	三菱UFJFG	7,702	2,779	10,482	○
4	ファナック	3,702	6,094	9,796	○
5	本田技研工業	5,852	3,225	9,077	○
6	ファーストリテイリング	1,094	7,873	8,967	
7	KDDI	4,137	4,267	8,403	
8	日本電信電話	5,830	2,215	8,046	
9	ソニー	5,090	2,843	7,933	○
10	三井住友FG	5,871	1,945	7,816	○

（注）　2018年3月末時点。端数処理している。日本電信電話の筆頭株主は財務省。G：グループ　FG：フィナンシャルグループ。
（出所）　赤旗2018年7月19日付。


２—２のようになっています。

公的マネーの投入額は、トヨタ自動車が最多の一兆九四九七億円、ついでソフトバンク・グループの一兆一三四五億円とつづきます。投入額上位一〇社のうちトヨタ自動車をふくめ六社で公的マネーが筆頭株主となっています。

公的マネーが大企業の主要株主になるなど異常な事態であり、個別株の価格形成をゆがめているとの批判が市場関係者からもおこりました。

このような批判に押されて黒田日銀は一八年七月末の政策決定会合で、ＥＴＦの購入配分を見直し、大企業に偏重しないよう、より幅ひろい銘柄の株を買うことを決めざるをえませんでした。

株価をみる指標としては、日経平均株価とＴＯＰＩＸ（トピックス＝東証株価指数）があります。

日経平均株価は、東証一部上場の銘柄から選んだ二二五銘柄の平均株価のことで、トヨタやＮ

TTなどの日本を代表する大企業の株が選ばれています。

TOPIXは、東証一部上場の全銘柄の時価総額の合計を全銘柄で割って出した数字です。日銀はおもに「日経225型」と「TOPIX型」のETFを購入してきましたが、今後は「TOPIX型」の購入割合を増やし、できるだけまんべんなく株を買うようにしたのです。

ただこの購入割合の見直しの理由は、価格形成をゆがめているという批判をかわすだけでなく、いままでどおりの割合で「日経225型」の購入をつづけると、もともと創業家など特定株主が多くの株をもっているような企業の株を公的マネーで買ってしまうことになり、「浮動株」とよばれる一般の人が事実上締め出されてしまいます。たとえば、ユニクロなどを傘下にもつイギリスの持株会社ファーストリテイリングなどのように、創業家など特定株主が多く「浮動株」の少ない企業などの「浮動株」を日銀が根こそぎ買ってしまい、「浮動株」がなくなってしまうと指摘されています（「日経」一八年八月四日付「ETFを買い続ける限界」）。

二〇一八年一〇月の日銀のETF購入額は、八七〇〇億円となり、1カ月の購入額としては過去最高になりました。一〇月は米中の貿易摩擦による米国株価の下落によって世界同時株安となり、日本の株価も大きく下がりました。株安のなかで、なりふりかまわず公的マネーを投入し株価を支える「アベ銀行」の姿がいよいよ鮮明になってきました。

日銀がここまで巨額の株の買い入れをおこなうと、今後、売るどころか、買い入れ額を減らしはじめただけでも、株価下落の引き金になりかねません。

しかし日銀もいずれ株の保有を減らす方向に転換せざるをえず、そのときは株価下落をまねくだけでなく、株を保有している日銀自身にも大きな損失をもたらします。

その損失は、日銀から国への納付金の減少というかたちで国の収入を減らし、けっきょく国民の負担増に転嫁されることになります。

巨額の公的マネーを使ってリスクの高いマネーゲームをくり返している安倍政権の経済政策は、まさに「カジノミクス」です。

そしてこの「池の中のクジラ」は、池のなかでは大きな顔でふるまっても、一般にいわれている喩《たと》えでは視野に入っていませんが、池は大海とつながっており、外側からねらう腕のいい鯨漁師（海外ヘッジファンド）の餌食にされる危険性があるのです（一八二ページ以下で後述）。

あやまちをくり返すな

デフレに対する効果は不明でも、「異次元の金融緩和」をはじめればどうなるか。誰にでも最初から予測できたことの二つめは、日銀が国債をどんどん購入してくれるようになれば、政府は安定的に国債を発行しやすくなるということです。これは前日銀総裁の白川氏がわたしの質問に答えてのべた（一二三ページ参照）、「通貨への信認が失われるという苦い長い歴史を経て」、やってはいけないとされた〝禁じ手〟です。

ところが、この五年半で、日銀は国債発行残高の四割以上を保有するまでになり、国の借金を中央銀行が支える事実上の「財政ファイナンス」が進行しました。

「財政ファイナンス」とは、政府が発行する国債を中央銀行に直接引き受けさせることをいいます。

ふつう政府は、国債を市中に発行し、民間の金融機関などに買ってもらうわけですが、「財政ファイナンス」は、中央銀行に直接、国債を買わせる、つまり政府の財政赤字を補てんするため、中央銀行に資金を供給（ファイナンス）させることです。

過去の歴史をふりかえっても、中央銀行がいったん国債の直接引き受けを始めてしまうと、政府は借金を平気で増やすようになり、財政規律が失われます。中央銀行が「打ち出の小槌《こづち》」のように財政の穴埋めに使われてしまうからです。

中央銀行による国債の直接引き受けはよく麻薬にたとえられます。

いったん踏み入れてしまうと常用することになり、元にはもどれず最後に身を滅ぼすのです。具体的には「悪性インフレ」をまねき、経済を破たんさせます。

「悪性インフレ」とは、制御が困難な物価上昇のことです。

中央銀行が国債を直接引き受けるということは、政府が新規に国債を発行するとどうじに、中央銀行がお札を増刷しなければならなくなり、通貨の価値をコントロールできなくなるのです。

そのため先進各国では、中央銀行による国債の直接引き受けを制度的に禁止しています。

日本では、第二次世界大戦の前から戦中にかけて、軍事費調達のために日銀が巨額の国債を引き受けたため、戦後、「悪性インフレ」が発生し、けっきょく経済が破たんしました。

昭和恐慌（一九二七年）から脱却するために、当時の蔵相であった高橋是清《これきよ》は日銀による国債引き受けという非常手段に踏みだし、一定の成果をあげますが、「悪性インフレ」が懸念されたことから方向転換をはかろうとします。

しかし軍事費を拡大したい軍部は、日銀の国債引き受けという「打ち出の小槌」を手離そうとせず、とうとう二・二六事件（一九三六年）で高橋是清を暗殺し、日銀の国債引き受けを拡大していきました。

戦時中は、統制経済でインフレを抑えていましたが、敗戦で、高橋是清が予測したとおり、いっきに「悪性インフレ」が表面化します。経済の混乱と財政の信認の崩壊があいまって、たとえば東京の小売価格指数は、一九四五年（敗戦の年）に前年比四五％、四六年には五一四％もの急騰をしめしました（日銀『日本銀行百年史・資料編』）。お国のためだと国民に買わせた「戦時国債」も紙くず同然になりました。

この教訓から、一九四七年に制定された財政法で日銀による国債の直接引き受けは禁じられたのです。

しかし現在の日銀は戦時中よりも異常な状態にあります。

戦時中、日銀が保有する国債のGDP比は一〇～一二％程度、混乱をきわめた戦後の四六年でも約一四％でした。現在の日銀は八〇％を超えています。

国債残高に占める日銀の保有比率も、一九四〇年が約一三％、四六年が三二％でしたが、現在は四〇％を超えています。

戦時中の政府は巨額の軍事費をまかなうために日銀に国債を買わせたものの、日銀が大量の国債を持ちつづけると、インフレが制御できなくなるとの考えから、日銀が買った国債はその大部分を民間の金融機関に売却させたのです。それでもけっきょく、「悪性インフレ」は避けられませんでした。

いっぽう現在の日銀は、大量の国債を買ったまま保有しつづけており、いくら直接引き受けはしていないといっても、国債への関与は戦時中の比ではないほど大きくなっています。

「タコ足」財政

図2―17は、現在の国債の引き受け関係をしめしたものです。そこにみるように、日銀は、形式的には国債の直接引き受けはしていないことになっていますが、事実上は「財政ファイナンス」をしているのとおなじです。

図2—17　日銀の国債引き受けの関係

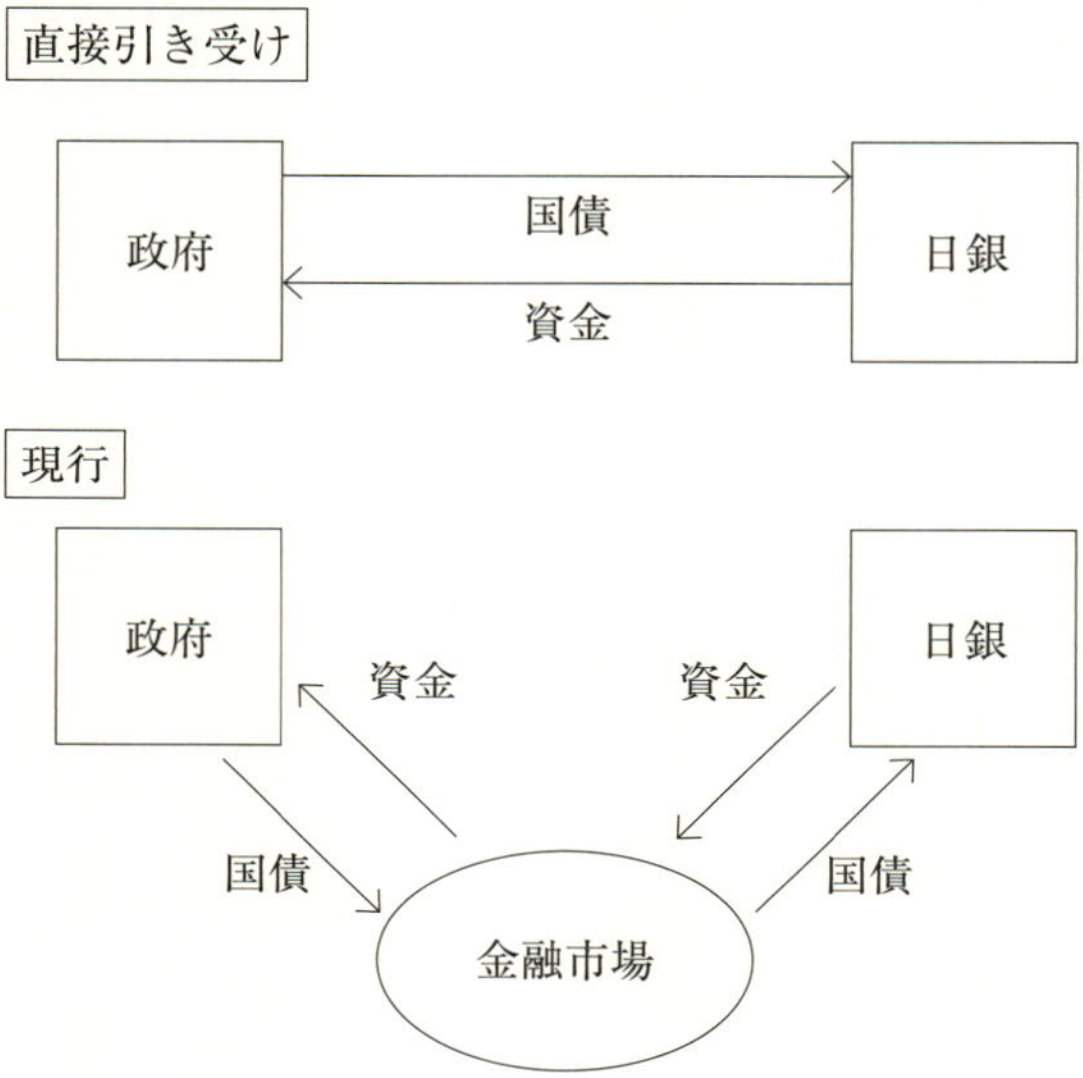

第一に、すでにのべてきたように、国の国債残高の四割以上も日銀が保有していることです（一〇八ページ、図2—1参照）。

日銀の国債買取りは当初は年間五〇兆円をこえるペースでしたが、二〇一四年一〇月から八〇兆円に増やしました。八〇兆円といえば、新規国債発行額（三十数兆円）を超え、新規国債にくわえて、過去に発行した国債も大量に買いあげることを意味します（一二五ページ、表2—1参照）。事実上、日銀が政府の借金である国債を引き受けるという宣言です。

これらは、公共事業の拡大など財政出動をもとめる自民内の要請にも応えるものでもありました。

また、日銀は直接、国債を引き受けていなくても、政府が決める国債発行のタイミングとほとんど同時期に、市中から国債を買い入れています。大量の国債購入額や購入のタイミングからしても、「財政ファイナンス」をしているのも同然です。

「財政ファイナンス」は、政府の借金を中央銀行がお札を増刷して面倒をみるようなもので、タコが自分の足を食べるのとおなじです。

わたしが最初に黒田総裁と議論したのも「財政ファイナンス」の問題でした（二〇一三年三月二八日、参院財政金融委員会および四月二五日、参院予算委員会）。

当時は「銀行券ルール」というものが存在していました。

「銀行券ルール」とは、日銀が保有する長期国債の残高を、市中に出まわるお札（日本銀行券）の残高以下におさめるという日銀の自主的なルールです。

二〇〇一年三月に日銀が量的緩和政策に踏みだした際の金融政策決定会合で、国債購入を際限なく増やさないようにするための歯止めとして決められました。

日銀のバランスシート上、長期国債は資産の部に、日銀券発行残高は負債の部に計上されます。両者の見合いを勘案したのが「銀行券ルール」です。

そこには、日銀が銀行券の流通残高をこえて国債を買入れると、日銀が国の借金の肩代わりをはじめた、つまり「財政ファイナンス」をはじめたとみなされるという日銀自身の判断がありました。

この「銀行券ルール」をいともたやすく破棄し、「異次元の金融緩和」で大量の国債を買おうという黒田総裁にたいし、わたしは「異次元の金融緩和」が事実上の「財政ファイナンス」になる危険性を指摘し、「『財政ファイナンス』でないというのなら、そのモノサシをしめせ」と迫りました。黒田総裁は「（財政ファイナンスはしていないことを）具体的にどういう形でしめしていくかは、政策委員会で議論したい」と答えましたが、その後、日銀が「財政ファイナンス」はしていないことを具体的にしめすことはありませんでした。

二〇一八年一〇月末現在の日銀が保有する長期国債残高は四五四・三兆円となっており、日銀券発行残高一〇五・〇兆円を三四八兆円も上回っています。

その後も黒田日銀総裁は、事実上の「財政ファイナンス」ではないかと国会で問われるたびに、「財政ファイナンスのためではなく、二％の物価安定目標の実現のために国債を買い入れているので、財政法に抵触しない。『悪性インフレ』の兆候も生じていない」とおなじ答弁をくり返してきました。

しかし問題は、財政法に触れているかどうかより、国内外の人びとがどうおもうかです。人びとが「財政ファイナンス」がおこなわれているとみなした瞬間、日本財政と国債、円にたいする信頼はいっきに崩壊し、「悪性インフレ」による経済パニックを引きおこす危険があります。

問題はそれがいつ来るかです。

「楽観的な期待は一瞬のうちに反転する」というのが、金融世界の歴史的教訓です。

しかし安倍政権は「大洪水よ、わが亡きあとに来たれ」とばかり、「アベ銀行」を利用して、タコの足を食べつづけようとしています。

今後、軍事費拡大や大型開発などで国債増発がくり返されていけば、日銀はその国債を買いつづけるしかありません。安倍政権のもとでは「財政ファイナンス」の方向は強まりこそすれ、弱まることはかんがえられないのです。

タコの名誉のためにひとこと補足しなければなりません。じつはタコは繊細な生き物で、網にかかったときにパニックになって無意識に自分の足を食べてしまうのです。けっしてお腹がすいて食べるのではありません。それにくらべ、わかっていながら自分の足を食べつづけている安倍政権は、タコ以下です。

けっきょく、この五年間をふりかえれば、「異次元の金融緩和」のほんとうの目的は、デフレの克服などではなく、株価引き上げによる大企業、株主への利益供与、国債発行と財政出動への保証という、きわめて政治的な意図にあったのではないかとおもいます。

図2―18　アベノミクス期の日経平均株価（月次・終値）および外国人投資家の株式買越・売越額（月次）の推移

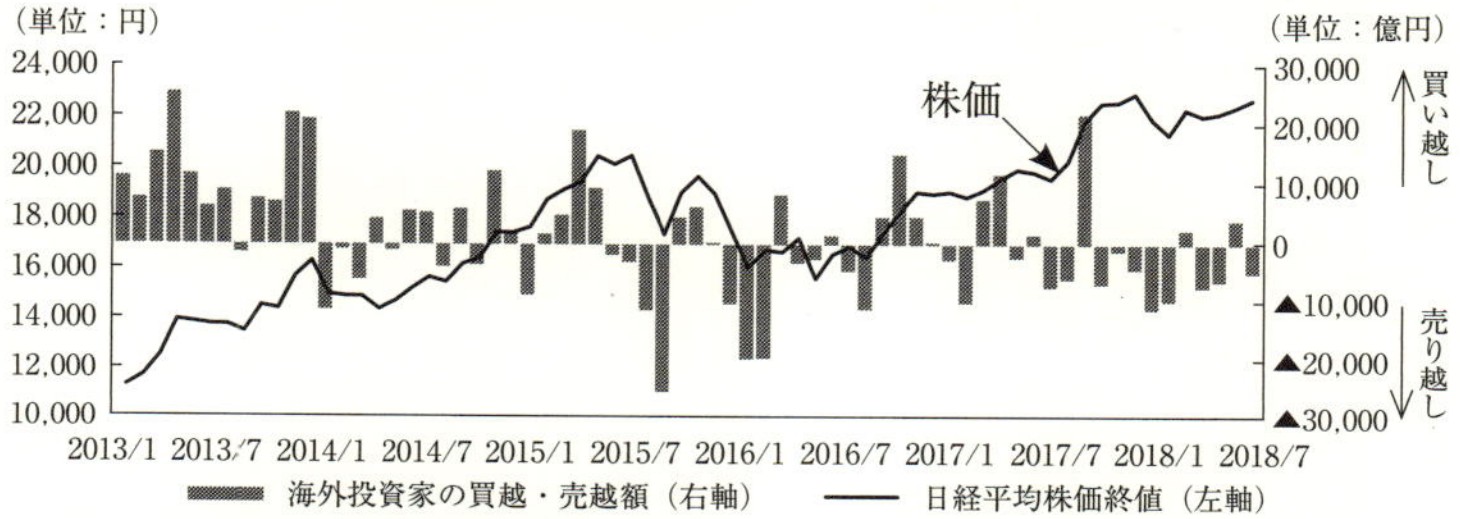

（注）　外国人投資家の買越額は東証第一部のもの。
（出所）「ヒストリカルデータ」日経平均プロフィルウェブサイト〈https://indexes.nikkei.co.jp/nkave/archives/data〉;「株式月間売買状況」日本取引所グループウェブサイト〈https://www.mof.go.jp/jgbs/reference/interest_rate/index.htm/〉を基に筆者作成。

「バイ・マイ・アベノミクス」

図2―18は、株価の推移と外国人投資家の売買動向をしめしたものです。

おおむね、外国人投資家が株を買い越したときに株価は上がり、売り越したときに下がるというように、外国人投資家の売買が日本の株価を左右していることがわかります。

前述のように（一五四ページ）、二〇一二年一二月の総選挙で、かれらは安倍政権の復活は確実と判断、大規模な金融緩和＝円安政策がおこなわれることはまちがいないとかんがえ、円を売るとどうじに、日本株を買う戦略に出ました。円安になれば輸出大企業の利益がふえ、株価も上がると予想したからです。

その結果、図2―18のように、外国人投資家の株の買い越しが急増し、株価は急伸したのです。

安倍首相の「異次元の金融緩和」のおかげで外国人投資家は大もうけし、安倍政権も外国人投資家のおかげで、株価上昇をみずからの経済政策の成果だと誇示できるようになったわけです。

二〇一三年六月に発表された「日本再興戦略」の中心は、外国人投資家の日本への投資（株買い）をさらにもとめるもので、「海外の活力を取り込むことなしに、日本の成長はない」という強いメッセージが込められたものでした。

さらに九月二五日、ニューヨーク証券取引所で講演した安倍首相は、「バイ・マイ・アベノミクス（アベノミクスは買いだ）」とかなり露骨な表現で日本株への投資をうったえました。

その後も、安倍首相は前述のような株価つり上げ策をつぎつぎと打ちだしていきます。

ニューヨーク証券取引所で「アベノミクスは買いだ」と言い放った安倍首相（2013年9月）［首相官邸ホームページ］

その結果、図2―19のように、日本株の売買額にしめる外国人投資家の割合は急拡大し、安倍政権発足直後一三年一月の五七・七％から、一八年九月には七四％に達しています。いまや日本株取引の七割以上が外国人投資家による売買となっているのです。
また図2―20のように、一四年度には三一・七％まで外国人投資家の日本株の保有比率も拡大してきました。

外国人投資家の目当ては株価を上げてもうけることであり、たとえリストラや不採算部門の切り捨てによって、たくさんの労働者が路頭に迷うことがあっても、とにかく目先の利益が増えればいいのです。かれらが会社の経営を左右することになると、中・長期的な企業の人材育成や技術開発には関心がないことから、日本企業の持続的な発展を危うくする危険性があります。

いっぽう、「異次元の金融緩和」であふれた日銀当座預金のマネーは、国内の貸し出しではなく、海外にむかいました。

「金融緩和効果が海外に流出している」。二〇一六年の六月の日銀金融政策決定会合で、政策委員の一人からこんな意見がだされました。

「異次元の金融緩和」でいくら日銀が金融機関にマネーを供給しても、国内の資金需要が低迷しているので、貸し出しを増やすことができず、そのお金が海外に流れているといったのです。

また「マイナス金利」によって収益が出ないことも、海外への資金流出を促進しました。

三大メガバンクグループ（三菱UFJ、みずほ、三井住友）の海外貸し出しは、「マイナス金利」導入前の一五年三月末と一八年三月末をくらべると一六五二億ドル（約一八兆円）、二五％ちかくも増加しています。海外貸し出しの大半はアメリカです。

金融機関に供給された日銀マネーが日本国内よりアメリカにまわって、そのマネーを外国人投

図２―19　日本市場の株式売買で外国人投資家が占める比率の推移

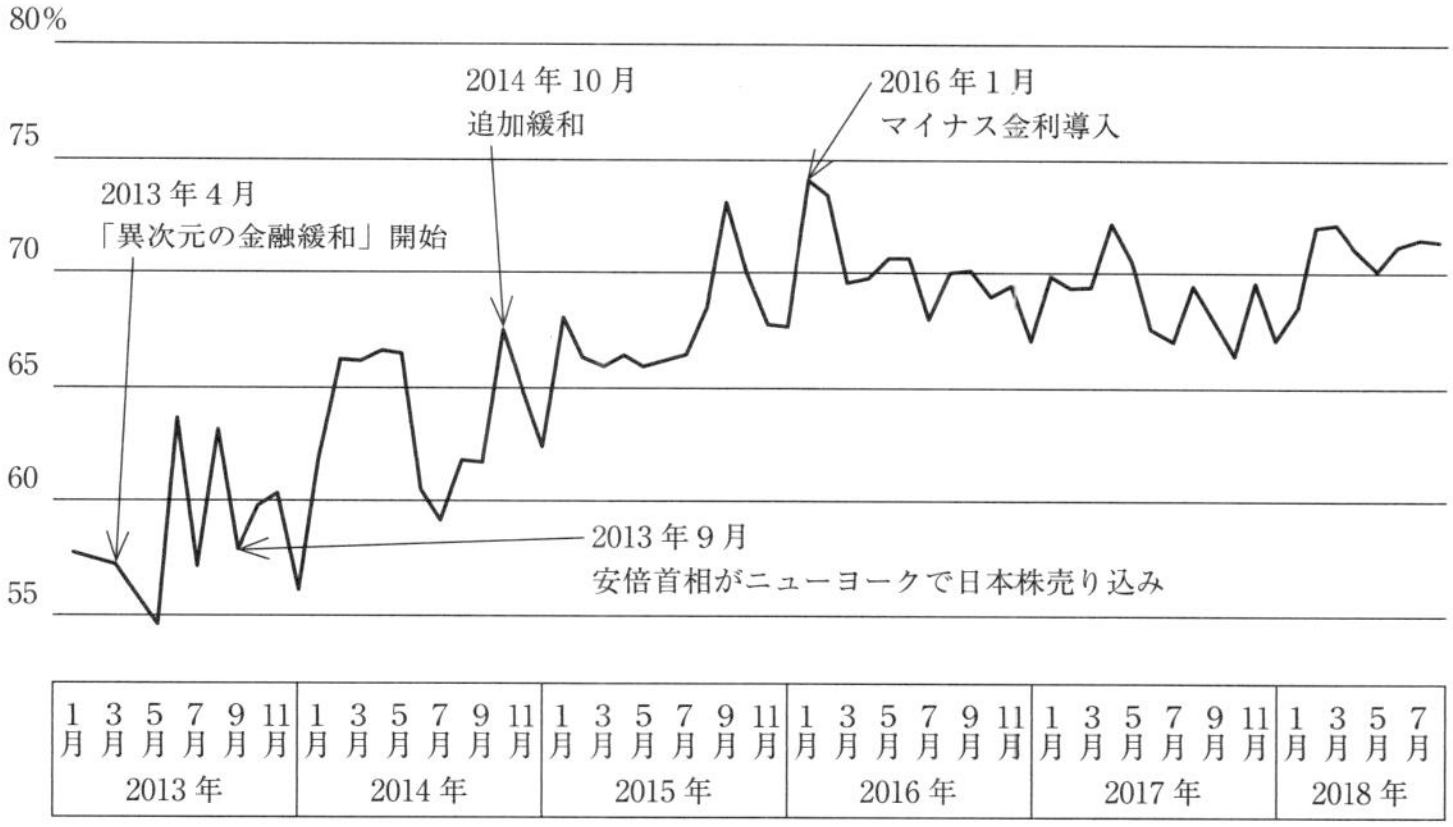

（出所）　東京証券取引所「投資部門別株式売買状況」。

図２―20　投資部門別株式保有比率の推移

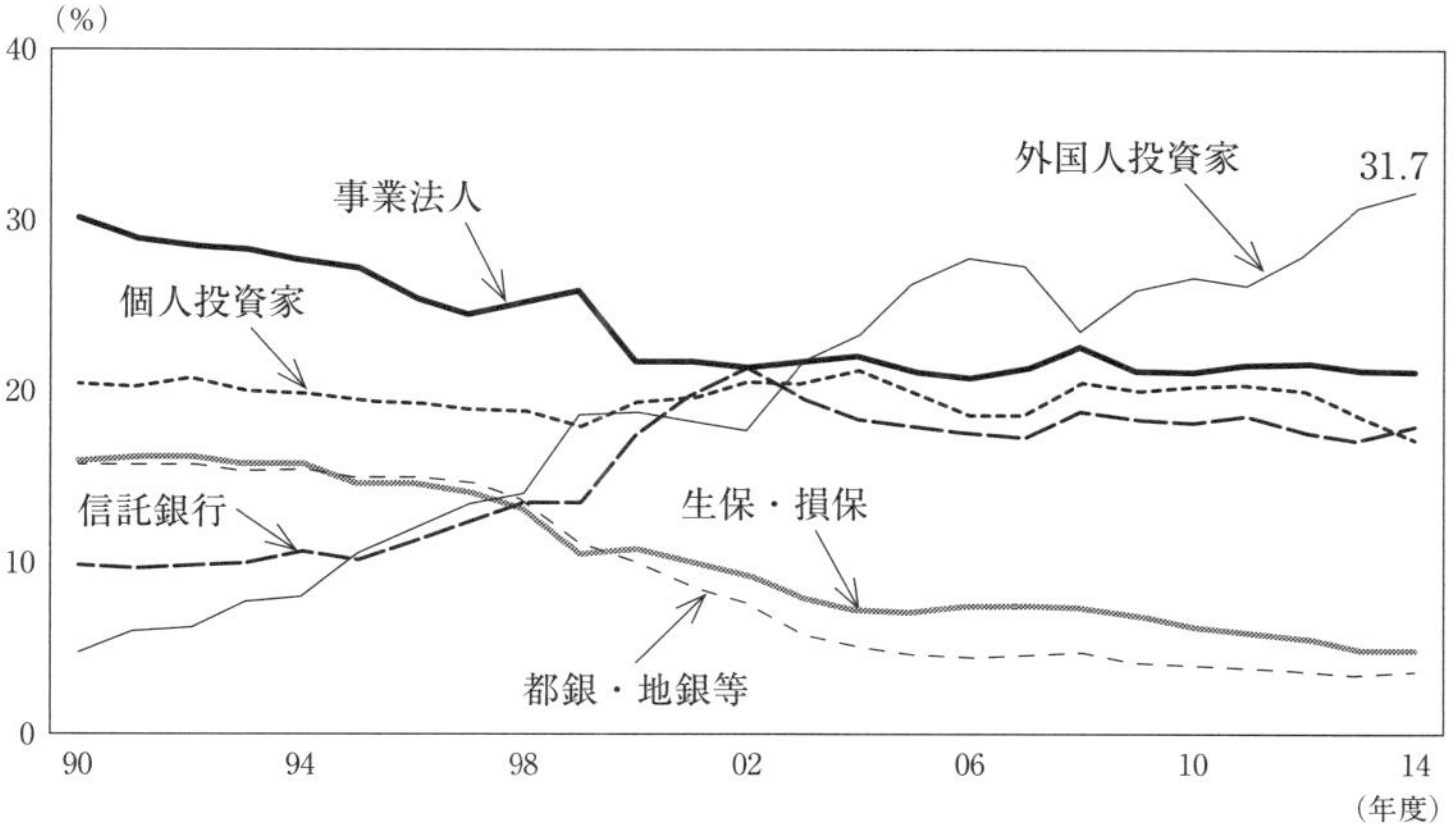

（注）　全国４証券取引所上場会社の株式保有金額における割合。
（出所）　日本取引所グループ「株式分布状況調査」より作成。

資家が借りて日本の株式市場でマネーゲームをくり返しているのです。日本がアメリカなどの外国人投資家に資金まで提供してもうけさせているという「売国的」な構図です。

また金融機関に供給された日銀マネーが直接、アメリカの株を購入し、アメリカの株価維持に貢献してきました。たとえば、三菱ＵＦＪフィナンシャル・グループの外国株式の保有残高は、マイナス金利導入前の二〇一五年三月末と一八年三月末をくらべると、一九一四億円から三三四五億円に五七％も増加させています（その大半はアメリカの株式とみられます）。

やっぱり、バックにアメリカがいた

そもそも日本に大胆な金融緩和政策をもとめてきたのはアメリカです。

アメリカは慢性的な赤字大国です。その赤字を歴史的にささえてきたのが日本でした。

戦後、日米間では高度成長期の貿易摩擦、「プラザ合意」、日米構造協議など様々な経済問題がありました（くわしくは拙著『属国ニッポン経済版』参照）。そのなかで、日米間のきわめて特殊な資金循環の関係がつくられてきました。

日本の大企業のアメリカへの輸出拡大 ↓ 日本の巨額の貿易黒字（アメリカにとっては赤字）↓ ドルの保有がふくらむ ↓ いっぽうアメリカは日本の輸出をおさえるために、円高に誘導しようとする ↓ 日本は円高を阻止するために円を売ってドルを買う ↓ そのドルはアメリカの国債である米国債の購入にむかう→結果的に日本がアメリカの財政をささえる、という資金循環です。

そういう長年の資金循環の結果、日本は外貨の大半を米国債で保有するようになり、アメリカにとっても日本に米国債を買いつづけてもらわないと国の財政が成り立たないまでになっています。

ところで、日本が米国債を買いつづけるためには、日本の金利をアメリカの金利より低くしておく必要があります。日本の金利の方が高ければ、米国債を買うより、日本で運用したほうがもうかるからです。

このことを背景に、一九九九年一月二九日のダボス会議で、アメリカのルービン財務長官（当時）が、日本にたいし露骨に日銀の国債引き受けをふくむ大胆な金融緩和（金利の引き下げ）をもとめたことがあります。

九八年、アメリカはロシア通貨危機の影響で市場が混乱し、株価が大幅に下落、ドルも一〇％以上も下落をつづけていました。

ドルが下落＝ドル安になると、円高になります。

九九年一月、政府は円高（輸出企業への悪影響）を懸念して、三年ぶりに「ドル買い／円売り」の為替介入をおこないます。

為替介入とは、その国の通貨当局が為替相場を安定させるために、外国為替市場で通貨を売買することです。日本の場合、財務大臣の指示にもとづいて、日本銀行が実務を遂行します。「ドル買い／円売り」のときは、政府短期証券を発行して円を調達し、ドルを買い入れます。

しかし政府の介入だけで、ドル安・円高の流れは食い止めることはできません。

ドル高に誘導するうえで、大きな影響をもたらすのは、日米の金利差です。

アメリカの金利が日本より高いからこそ、金利の高いドルが買われ、金利の安い円が売られる流れになります。また日本政府だけでなく、日本の民間投資家にも米国債を買いつづけてもらうためには、日本国債より米国債の利回りをつねに高くしておく必要があります。

アメリカにとって日本との金利差を確保しておくことは、「ドル高」を維持するためにも、アメリカの財政運営のためにも絶対条件でした。

九九年一月のダボス会議で、ルービン米財務長官が、日米の長期金利が「接近」していることについて懸念を表明し、日本の長期金利の抑制策として日銀による国債の引き受けを強くもとめたのはそのためです。

しかし当時の速水日銀総裁は、国債の引きうけは国の財政節度の喪失や悪性インフレをおこす懸念があるとして拒否。かわりに打ちだしたのが「ゼロ金利政策」でした。

しかしその後、日銀はアメリカが要求してきたように、日銀の国債引き受けを拡大し、とうとう「異次元の金融緩和」にまで踏みだすことになってしまいます。

二〇一三年四月、「異次元の金融緩和」が発表されたとき、「劇的な効果をおよぼしている」ともっとも評価したのは、アメリカの中央銀行であるＦＲＢのバーナンキ議長（当時）でした（同年五月二二日、議会証言）。

アメリカは一四年一〇月にそれまで三回おこなった「量的緩和」を停止し、金利を引きあげました。その理由の一つは、金利が低いままだと米国債が売られ、資金が海外に逃げる懸念があったからだといわれています。アメリカ政府やＦＲＢが日本の「異次元の金融緩和」を歓迎したのは、日米金利差を確保することにより「ドル買い／円売り」で日本からアメリカに資金が還流することを期待したからにほかなりません。

「異次元の金融緩和」はこういうアメリカの要求にこたえるものでもあったわけです。

(4)「アベ銀行」の末路

日本をヘッジファンドの餌食にさせるな

外国人投資家の中心はヘッジファンドです。

ヘッジファンドとは、特定・少数の投資家や金融機関などから出資をつのり、その資金で投機活動をおこなう組織です。ヘッジとはリスクを回避するという意味で、ファンドは基金のことです。

図2―21はヘッジファンドの総運用資産残高です。リーマン・ショックのときに激減はしたものの、また増加の一途をたどり、二〇一八年三月末現在で約三兆ドル(三三〇兆円)の巨額のマネーをうごかしています。

ヘッジファンドの多くは、規制のおよばないケイマン諸島などのタックスヘイブン(租税回避地域)に「投資会社」として設立されています。

図2—21　ヘッジファンド資産残高の推移

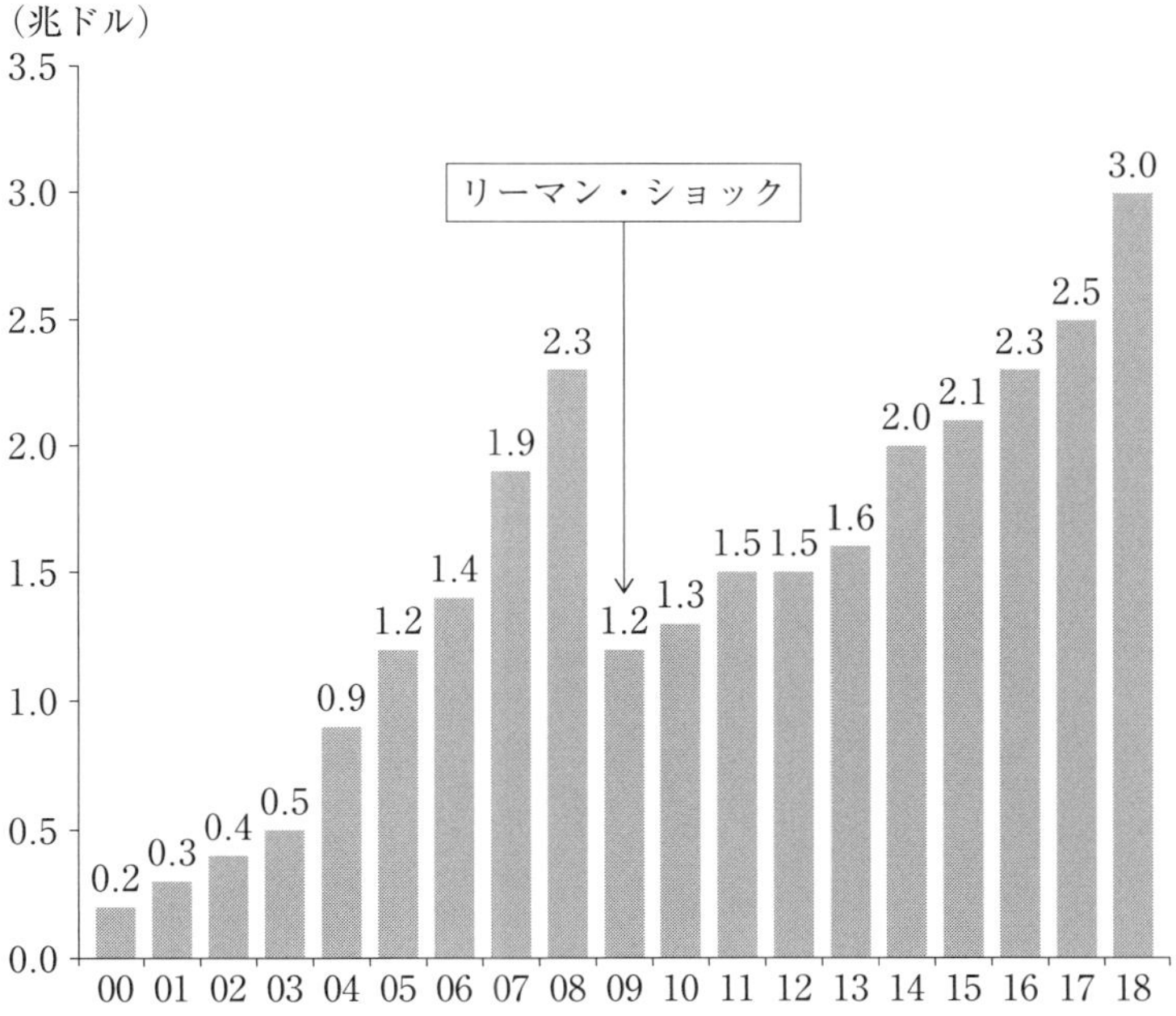

（出所）　BarclayHedge のウェブサイトより。

いまの世界の金融は事実上ヘッジファンドがうごかす投機マネーによって左右されているといってもいいでしょう。

かつての金融市場は実体経済の需要にもとづいた投資資金を中心にうごいていました。

しかし二〇〇〇年代に入ったころから、レバレッジを駆使してデリバティブ（金融派生商品）を売買するハイリスク・ハイリターンの短期的な投機マネーが金融市場をうごかすようになります。

レバレッジとは「てこ」の

意味で、少ない資金（証拠金）で大きな金額を取引できるしくみです。

ヘッジファンドが相場を動かすほどの大きな力をもつのは、預かった資金だけでなく、巨大メガバンクや投資銀行からも資金を借り、さらにレバレッジを利かして短期の売買をくりかえすからです。

ヘッジファンドは安倍政権の「カジノミクス」、すなわち国家をあげたマネーゲームを利用してもうけ、また利用価値がなくなってくると、反対に「カジノミクス」を破たんに追いこむことでもうけようとします。

この間、日本の国債市場においても、外国人投資家の存在感が増しています。

図2―22にしめしたように、外国人投資家の現物、先物取引の売買に占める割合は、現物で三割、先物では六割ちかくになっています。国債保有割合もじりじり着実に伸びて一一％をこえました。

図2―23は、期間別の国債の売買における外国人投資家の比率をみたものですが、長期債（一〇年債）で五割前後に高まっています。

株だけでなく、国債市場でも外国人投資家、すなわちヘッジファンドが中心的存在になりつつあることがわかります。

前述（一七四～一七七ページ）のように、ヘッジファンドは日本株の上昇で大もうけしました。

図2—22　国債市場における外国人投資家の売買と保有割合の推移

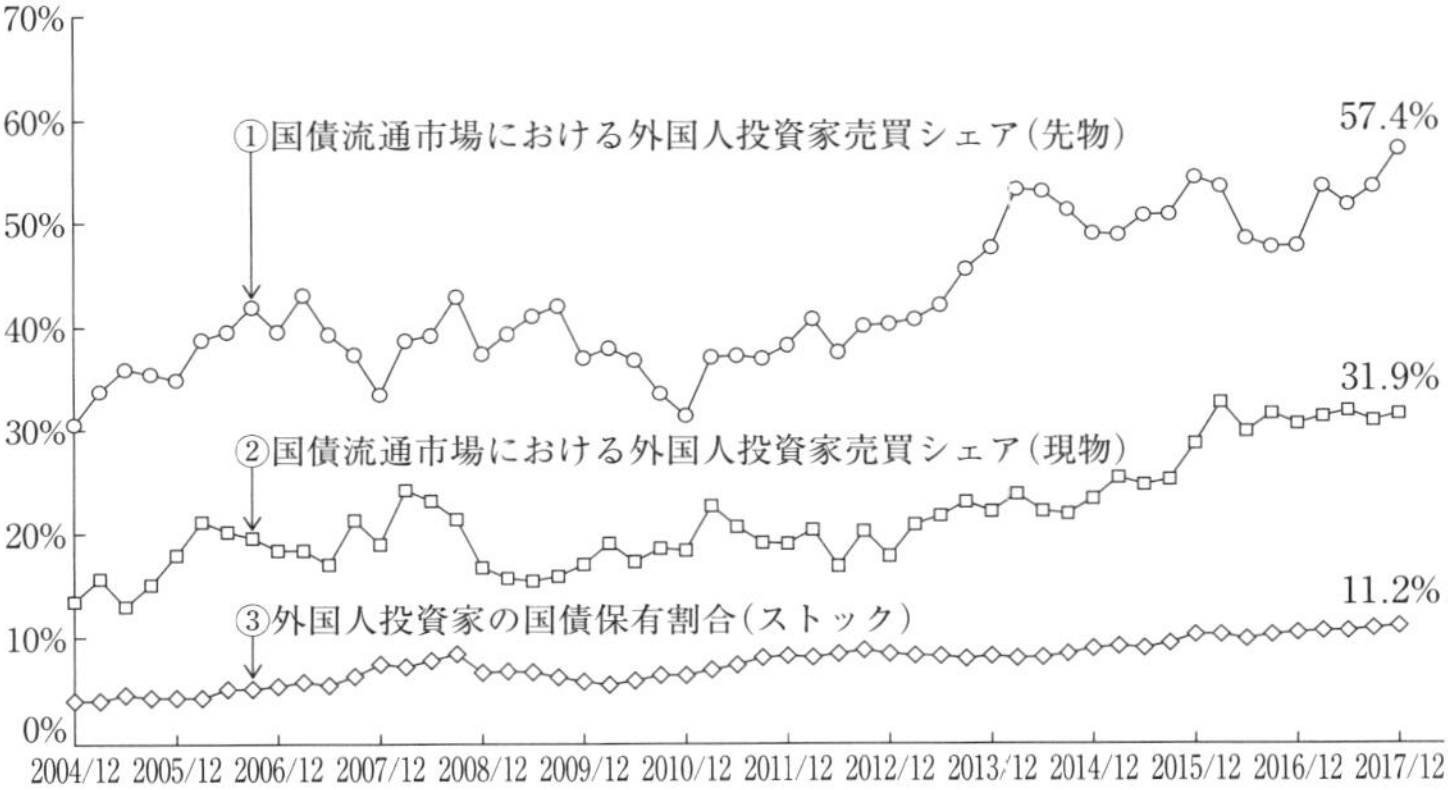

（注１）　四半期ベース。
（注２）　国庫短期証券（T-Bill）をふくむ。②は債権ディーラー分を除いた計数。
（出所）　日本銀行、日本証券業協会、東京証券取引所、大阪取引所。

図2—23　国債売買高に占める外国人投資家比率の推移

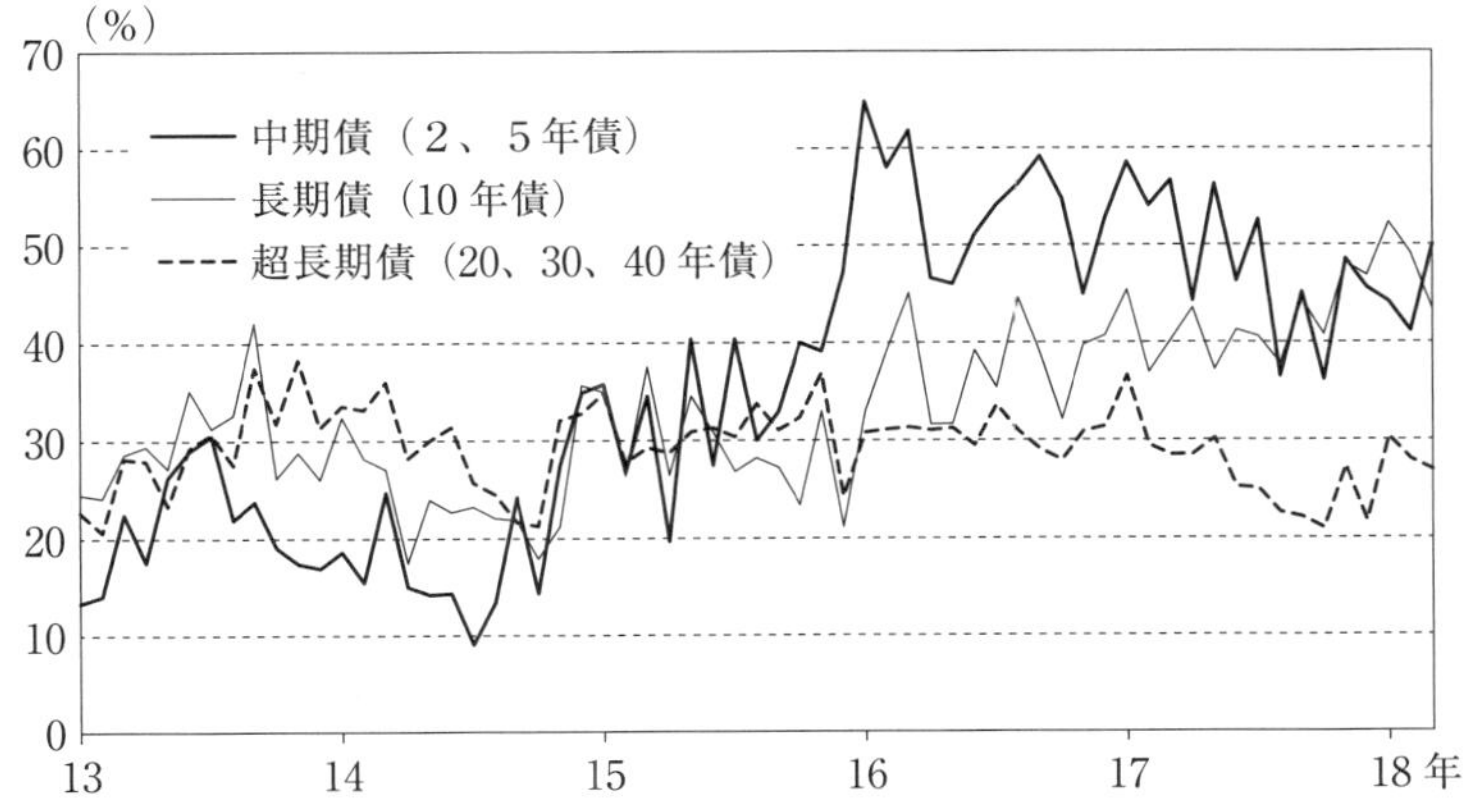

（出所）　日本証券業協会。

しかしかれらは日本企業を中長期的に支えようという気持ちなどさらさらありません。短期的に利ザヤを稼げればいいのです。

そしてこれ以上、日本株がもうからないと判断したら、あっさり資金を引きあげるでしょう。かれらは日本国債の売買と保有も拡大してきましたが、同様の行動パターンは変わりません。円安、低金利のもと、安いコストで調達できる日本円を活用して日本国債を保有すると、容易に利ザヤが稼げるからです。ヘッジファンドは、状況が変化すれば、日本国債の買い手から売り手に瞬時に変化します。

いまも、日銀が安定的に国債を引き受けつづけるもとで、確実に売買収入を得られるからというだけでなく、巨額の借金をかかえる日本の国債の不安定さに目をつけていて、いずれ暴落を仕かけて大もうけしようとかんがえ、保有を拡大しているのではないでしょうか。

ＪＰモルガン証券チーフ債券ストラテジストの山脇貴史氏は、「円債市場における海外投資家の動向」というレポートにおいて、ヘッジファンドが日本の国債市場に本格参入するタイミングの一つとして、「日銀緩和縮小」のときをあげています。

つまり「異次元の金融緩和」から「出口」にむかうときに、ヘッジファンドなど投機筋は国債の売りを仕かけてくる可能性があるというのです。

図2—24　空売りとは？

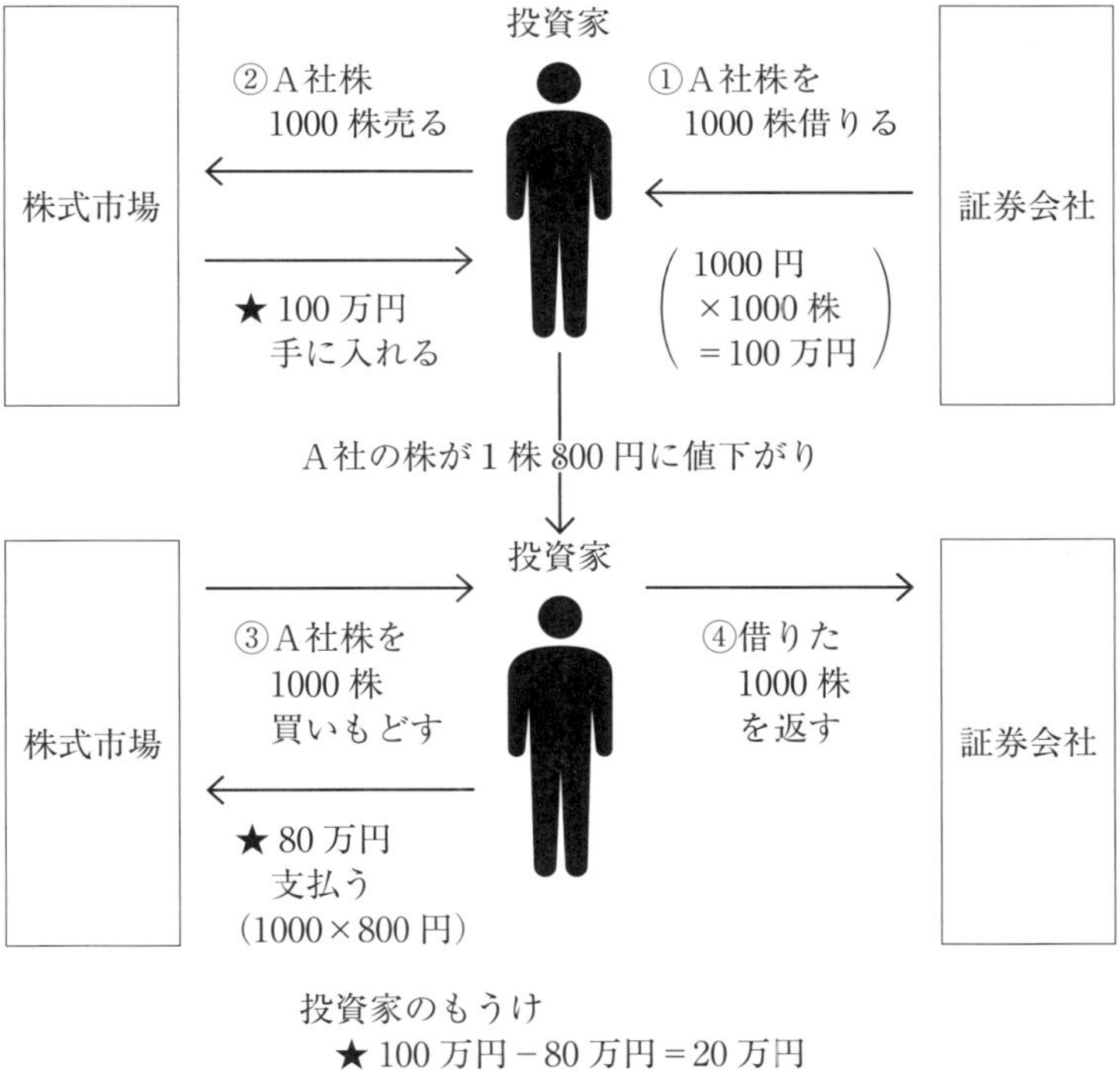

ヘッジファンドがもっとも投機的な手法としてもちいるのが「空売り」です。

「空売り」は、株や債券の価格の下落を仕かけることでもうける手法です。

たとえば、株の「空売り」は、基本的につぎのような流れです（図2—24も参照）。

①投資家は証券会社から一株一〇〇〇円のA社の株を一〇〇〇株借ります。

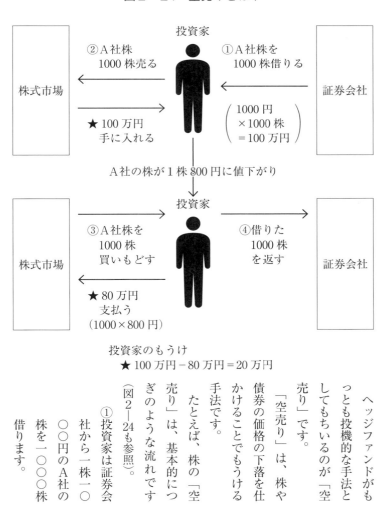

②それを投資家は株式市場で売り、一〇〇万円（一〇〇〇円×一〇〇〇株＝一〇〇万円）を手に入れます。

③A社の株が一株八〇〇円に値下がりしたときに、投資家はそれを一〇〇〇株分買いもどします。そのときの支払額は、八〇〇円×一〇〇〇株＝八〇万円です。

④投資家は証券会社から借りたA社の一〇〇〇株を返します。

投資家は、一〇〇万円マイナス八〇万円の二〇万円をもうけとして手に入れることができます。

このしくみを利用して、ヘッジファンドは大量のA社の株を借りて、市場で売り、A社の株を下落させてから、買いもどし利益をえるのです。

「空売り」の最大のうまみは、株や債券が暴落したときほどもうかるということです。

国債の場合も、金銭を担保とした「現金担保付債券貸借取引（債券レポ取引）」などのしくみをつかって「空売り」をすることができます。

二〇一六年の二月二四日に衆院予算委員会の公聴会に公述人として出席した投資会社代表の松田元氏は、ヘッジファンドが日銀の政策変更時に仕かけてくるのは、この「空売り」ではないかと指摘しました。

山脇氏も松田氏も、じっさいに取引の現場にいる方の発言ですので、たいへん、現実味があります。

この問題をわたしは二〇一八年五月二二日の参院財政金融委員会でとりあげ、ヘッジファンドへの規制強化とどうじに、「空売り」規制にもふみだすことも提起しました。

黒田総裁は、わたしの質問にたいし、国債の空売りの状況の把握につとめるとともに、「日銀として関係当局と連携を密にしたい」と答えました。

この間、じっさいにヘッジファンドの「空売り」のうごきが活発になっています。とくに一八年七月末の日銀の政策修正以降、日銀をゆさぶるように、ヘッジファンドによる国債の「空売り」攻撃が強まっています。

かれらのねらいは、「空売り」によって国債の暴落を仕かけ大もうけすることですが、現在のところ、日銀が売られた分を買い支えることで必死に持ちこたえています。

しかし長期金利は上昇傾向にあり、予断をゆるさない状況がつづいています。

国債の暴落は、たんに日銀の問題だけでなく、前述（一六八ページ）のように国民のくらしにも大きな被害をもたらします。日本を外国のヘッジファンドの餌食《えじき》にさせるわけにはいきません。

「出口」はあるか

いま、日銀は、「出口」のない袋小路にはまり込んでいます。

いったん買い入れた国債を売るに売れない、買うこともやめられない。日銀が国債を買うことをやめれば、国債にたいする信用がゆらいで国債価格が暴落し、金利の急上昇による経済パニックや国の財政破たんをまねくおそれがあるからです。

かといって、このまま「財政ファイナンス」をつづければ、国の財政にたいする信頼はいずれ失墜し、おなじように国債の暴落や経済パニックをまねきかねません。

そのときは日本経済そのものが、まちがいなくヘッジファンドの餌食となるでしょう。

わたしは福井元総裁のころから、日銀がいったん市場から国債を買い入れると、市場はつぎから日銀の国債購入を前提としてうごきだし、日銀は買った国債を売るに売れなくなる、つまりいったん入るとなかなか出られない、出るのがむずかしい政策だと警告してきました。

しかし二〇一三年四月に打ちだされた「異次元の金融緩和」は、福井、白川総裁時代とはケタ違いの大規模な国債購入計画でした。これは、出るのがむずかしいどころか、いったん入ったら二度と出られない「出口」のない政策だとおもいました。

黒田総裁は就任以来、「異次元の金融緩和」終了の時期や方法、すなわち「出口」について聞かれるたびに、「出口の話は、出口にさしかかったときに、そのときの経済と市場の動向をみて考える」とおなじ答弁をくり返してきました。

「異次元の金融緩和」をこのままつづければ、日銀の財務そのものも悪化させることになります。

二〇一七年度末でみると、日銀の保有する国債の利息収入は一兆二二一一億円です。いっぽう日銀が支払う当座預金の利息は一八三六億円となり、差額の一兆円あまりが日銀の収益になっています。

しかし当座預金の一部の利息は現在「マイナス金利」によって抑えられていますが、いずれ「マイナス金利」をやめ利息を引き上げざるをえなくなります。当座預金の支払い利息が国債の利息収入をこえ赤字化することも十分予測され、その場合、日銀の自己資本八兆円を消失させ、債務超過におちいる危険性もあります。

また長期金利が上昇することで国債の価格が下がり、日銀が保有する大量の国債に巨額の評価損が発生することも懸念されます。日銀の試算では、長期金利が一％上昇しただけで、時価が二八・六兆円も減少するとしています（一八年三月末時点）。

日銀の財務の悪化は、日銀から国への納付金の減少となり、その分、国民負担の増大につながります。

「異次元の金融緩和」の開始から五年半以上がたち、日銀はただの「アベ銀行」に変わり果ててしまいました。

ここまでくると、国債の購入をいきなり全部やめることは経済の大混乱をまねき、現実的ではありません。

しかし政策転換の方向をはっきりしめしたうえで、徐々にでも国債保有を減らす方向へ切り替えていく、金融政策を正常化していくことはできます。またそうしなければ、近い将来待ちうける数々の危機を回避することはできません。

正常化のためにはつぎの四点が重要だとかんがえます。

第一に、物価上昇目標二％をただちに取り下げることです。

第二に、国債保有残高を減少させる方針を明確に打ちだすことです。

第三に、「空売り」規制などの特別措置をもうけ、国債暴落をねらう投機筋の動きを阻止することです。

第四に、巨額に保有した国債とＥＴＦなどについては、中・長期的な市場への売却計画をはっきりしめし、市場関係者や国民との意思疎通、理解の促進に尽力することです。

長期保有の投資家を優遇して、日銀保有の国債や株を購入してもらう特別措置も検討されるべきでしょう。

そしてなにより、日銀が安倍政権いいなりの「アベ銀行」から、国民のための中央銀行として再出発することです。

そのためにも、安倍政権を一日もはやく退陣に追いこみ、「カジノミクス」にストップをかけなければなりません。

(5) 年金積立金バクチ

もう一頭のクジラ

「カジノミクス」の推進役で「アベ銀行」の兄弟のような、もう一頭のクジラがいます。年金積立金管理運用独立行政法人(GPIF)です。

GPIFは、厚生労働省が所管する独立行政法人で、厚生年金と国民年金の年金積立金を管理、運用しています。運用額は約一六〇兆円で、年金基金のなかでは世界最大です。

図2―25は、GPIFの資産運用の構成比です(二〇一八年九月末時点)。この国内債券はおもに国債です。短期資産とはおもに現・預金のことです。国内株式に四三兆五六四六億円(二五・六五%)、外国株式に四三兆六六〇四億円(二五・七%)で、合計約八七兆二二五〇億円(五一・三五%)が株に運用されています。

株式市場でGPIFがクジラと呼ばれるようになったのは、二〇一四年、安倍政権の「成長戦略」のもとで、運用枠の方針変更が打ちだされてからでした。

図2—25　年金積立金の運用資産額・構成比(2018年9月末)

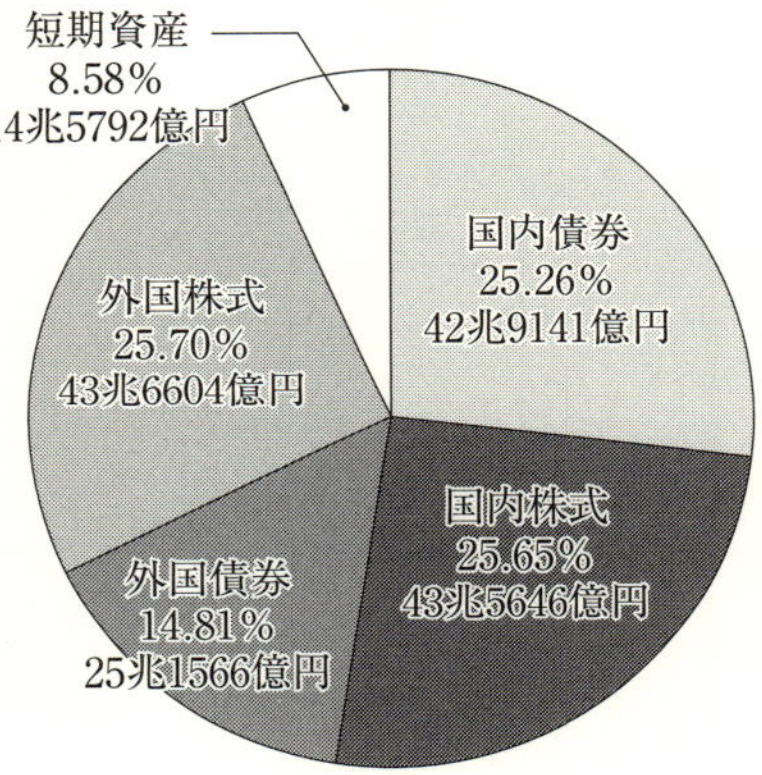

従来、公的年金基金の運用対象は六～八割が日本国債で、安全運用を基本にするとどうじに日本の財政を支えていました。リスクの高い株への投資は二四%が上限ときめられていたのです。

ところが安倍首相になってから、方針転換がはかられました。

前述のように、二〇一三年九月、ニューヨーク証券取引所で「バイ・マイ・アベノミクス」とさけんだ安倍首相は、一四年一月の「ダボス会議（世界経済フォーラム年次総会）」で「一兆二〇〇〇億ドルの運用資産をもつGPIFについては、そのポートフォリオ（運用資産の構成比）の見直しを始め、フォワード・ルッキングな（先を見すえた）改革をおこないます」とのべ、事実上、年金積立金の株式市場での運用を増加させることを宣言しました。

GPIFというと、独立行政法人ということから、お堅いイメージですが、GPIF

（Government Pension Investment Fund の略）を直訳すると、「政府年金投資ファンド」です。独立行政法人などという単語はどこにも出てきません。海外では文字どおり、巨大投資ファンドととらえられています。

安倍首相は、外国人投資家にむけて、世界最大の投資ファンドであるＧＰＩＦがこれから株を買い、株価を支えるから、安心して日本株を買ってほしいとうったえたわけです。「バイ・マイ・アベノミクス」の真意はこのことにありました。

ダボスで日本の年金積立金の株式市場での運用を拡大させると演説した安倍首相（2014年1月）
［首相官邸ホームページ］

そもそも、年金積立金をどこにどれだけ運用するかという基本ポートフォリオの設定は、「積立金の運用は、専ら被保険者のために、長期的な観点から、安全かつ効率的に行う」（厚生年金法および国民年金法）という法律上の要請にもとづき、政治的な圧力を排除してＧＰＩＦの運用委員会でつくられることになっていました。

首相といえども、運用委員会に圧力をかけるような発言を、しかも国際会議の場でするなどあってはならないことなのです。

しかし安倍首相の強権的なやり方はとどまることを知りません。

当時、運用委員会のメンバーの大半は、年金積立金のリスク投資には慎重でした。

運用委員は厚生労働大臣が任命することになっていますが、その厚生労働大臣を任命するのは総理大臣ですから、その気になれば安倍首相の意向で運用委員をきめることができます。

このままでは自分のおもいどおりにならないと判断した安倍首相は、一四年四月に運用委員のほとんどを入れ替え、リスク投資に積極的なメンバーだけにしてしまったのです。

安倍首相は、憲法解釈を変えるために内閣法制局長官を替え、日銀を「アベ銀行」にするために黒田氏を総裁を送りこみました。GPIFもしかり。人事を掌握することによって、すべて自分のおもいどおりのことを実現するというのが安倍首相の常とう手段です。

そして一四年五月のロンドンの金融街での講演では、ふたたび「世界最大規模の日本の年金基金を株価つり上げに使う」と宣言し、六月の「『日本再興戦略』改訂版二〇一四」にもそのことを書きこんだうえで、一〇月に実際に運用基準を見直して、国内債券（おもに国債）の比率を六〇％から三五％に下げ、株式の比率を五〇％に倍増しました。

年金積立金バクチの開始です。

図2―26はGPIFのこれまでの基本的なポートフォリオ（運用の資産構成比）の推移をしめしたものです。

国債での安定運用を減らし、リスクの高い株式投資を増やしてきたことがわかります。

表2―3は、GPIFの保有株の多い上位二〇社と時価総額の推計です。GPIFの保有株式

図2―26　資産運用構成比の推移

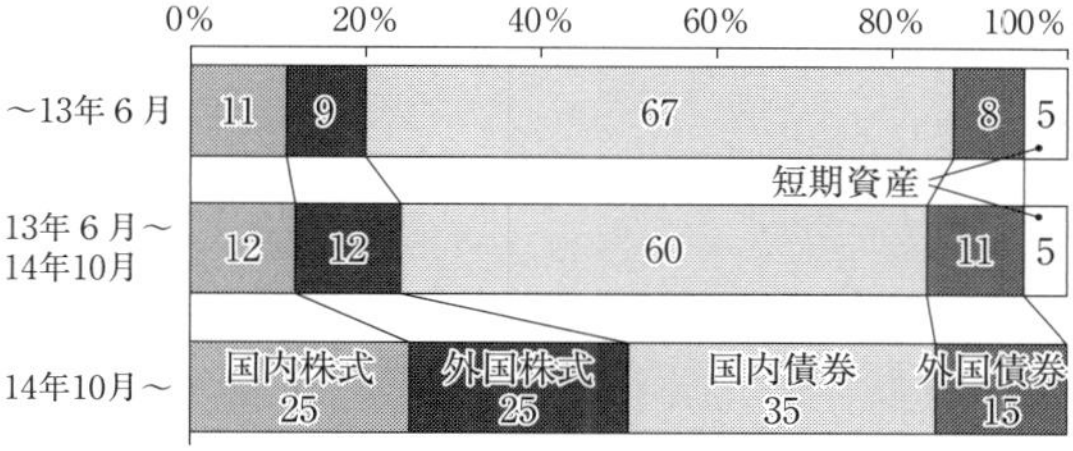

表2―3　GPIFの保有株式時価総額の推計

企業名（株式銘柄）	保有株式数（万株）	GPIF公表時価総額
トヨタ自動車	19,871	13,780
三菱UFJFG	110,506	7,802
三井住友FG	13,169	5,976
本田技研工業	15,989	5,892
日本電信電話	11,898	5,919
ソフトバンクG	6,609	5,269
キーエンス	782	5,166
ソニー	9,892	5,103
みずほFG	228,065	4,451
KDDI	15,227	4,205
任天堂	798	3,772
ファナック	1,373	3,735
NTTドコモ	12,579	3,480
キヤノン	8,688	3,347
日立製作所	42,810	3,330
JR東日本	3,270	3,247
信越化学工業	2,928	3,244
三菱商事	11,177	3,258
セブン＆アイHD	6,822	3,144
日本たばこ産業	10,120	3,103
上記の20社の合計		97,224
GPIF保有株式全体の合計		403,968

（注）2018年3月末の推計額。GPIFの公表した保有銘柄一覧表によって計算。キヤノンと日本たばこは12月決算企業で、3月末までに配当は支払済なので差額が生じていない。

（出所）日本共産党政策委員会作成。

の四分の一ちかくを上位二〇社が占め、ＧＰＩＦが特定の大企業の株価を支えていることがわかります。

元運用委員会の委員だった慶応義塾大学の小幡績《おばたせき》准教授は、著書『ＧＰＩＦ　世界最大の機関投資家』のなかで、「ＧＰＩＦの基本ポートフォリオもリスクテイクの中身も政治には絶対口出しさせないこと。政治の排除と独立性、これこそが、ＧＰＩＦの制度設計として何よりも重要なのです」、「独立が確保されないと、政治的に望ましい資産を買えということになる」と指摘しています。

アメリカに差しだされる私たちの年金

いったん株価つり上げに加担したＧＰＩＦは、こんどは株価を維持する役割もになわされることになりました。

二〇一六年三月三日の参院予算委員会で、日本共産党の小池晃書記局長が、ＧＰＩＦから運用の委託をうけた信託銀行が、外国人投資家が日本株を売り越す局面で、大量に日本株を買い越すなど、外国人投資家が株を売り越し、株価が下がっている局面で、年金積立金が「買い支え」をしている事実を暴露しました。

図2―27は、ＧＰＩＦが国内株式への運用比率を一二％から二五％に増加させた二〇一四年一

図２―27　外国人投資家と信託銀行の買越・売越の状況

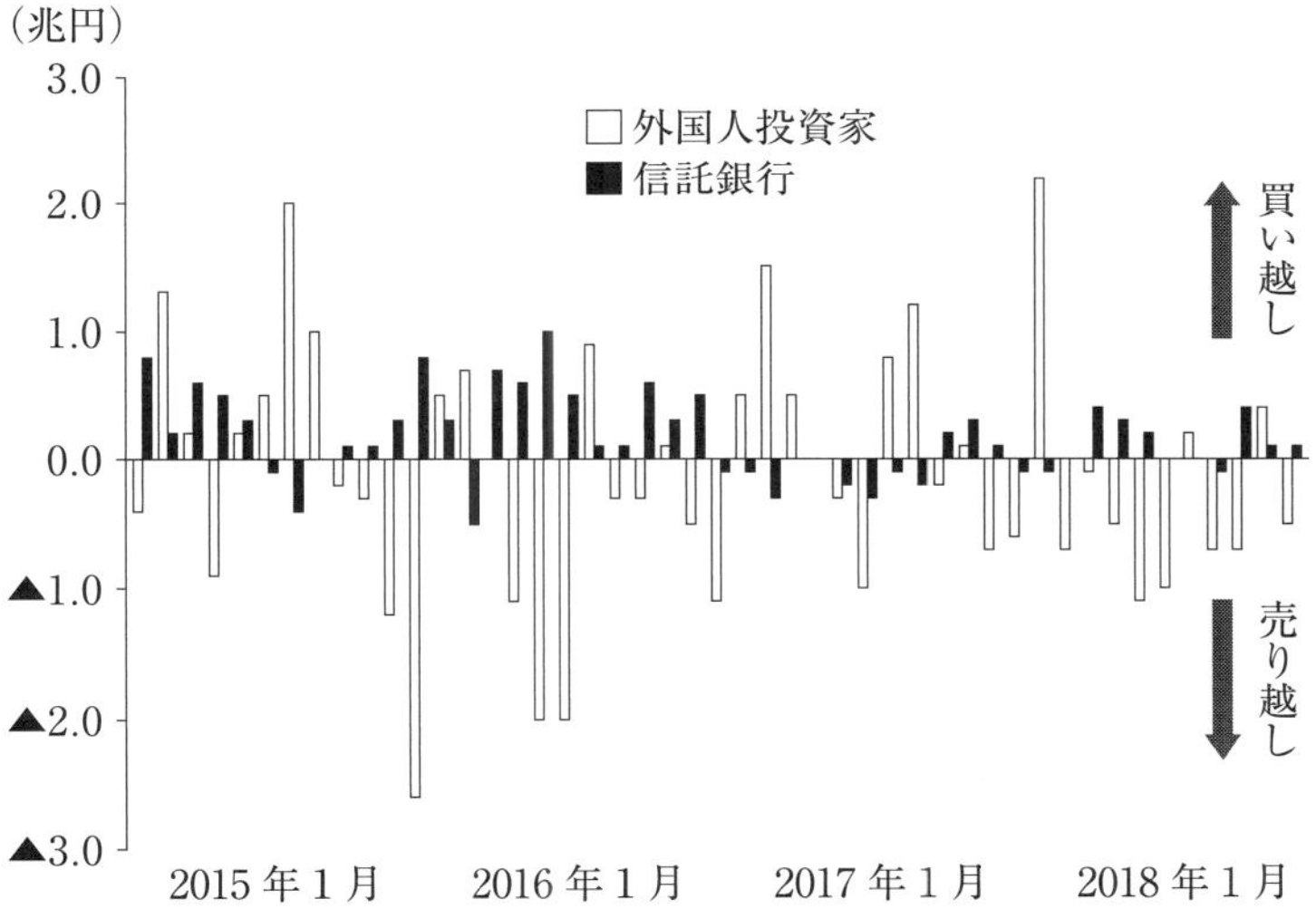

（出所）　日本取引所グループホームページ「投資部門別売買状況」の月別データから日本共産党政策委員会が作成。

〇月から二〇一八年三月までの、外国人投資家と信託銀行の株の売買をグラフにしたものです。

外国人投資家が売り越した月のほとんどで、信託銀行が買い越しをしています。

小池晃書記局長が一六年に暴露した以降も、図２―27がしめすように、わたしたちの年金積立金による株の「買い支え」はいまもつづいています。

図２―26（一九七ページ）でしめしたように、外国株式と外国債券の運用比率も二〇一四年一〇月から拡大してきました。しかも、ＧＰＩＦが保有する外国株の五割以上は米国株であり、残りは約五〇カ国の株に分散されてい

ます。

　表2―4は、GPIFが保有する外国株の上位一〇社と、保有株式の金額です（二〇一八年三月末時点）。一〇社の合計時価総額は四兆一六一億円にのぼります。

　さらにGPIFは、いくつかのアメリカ大企業で主要株主になっています。

　経済金融分野が専門の通信社であるブルームバーグの試算によれば、一位となっているアップル社では、GPIFは米大手投資銀行のメリルリンチやゴールドマン・サックスを上まわる一二位の大株主となっています。

表2―4　GPIFの外国株式保有の上位10社と時価総額（2018年3月末）

1	アップル（APPLE INC）	7,333億円
2	マイクロソフト（MICROSOFT CORP）	5,992億円
3	アマゾン（AMAZON. COM INC）	5,651億円
4	フェイスブック（FACEBOOK INC-A）	3,468億円
5	JPモルガン・チェース（JPMORGAN CHASE & CO）	3,380億円
6	ジョンソン・エンド・ジョンソン（JOHNSON & JOHNSON）	3,103億円
7	アルファベット（ALPHABET INC-CL C）	3,010億円
8	バンク・オブ・アメリカ（BANK OF AMERICA CORP）	2,817億円
9	アルファベット（ALPHABET INC-CL A）	2,756億円
10	テンセント（TENCENT HOLDINGS LTD）	2,651億円

（出所）　GPIF 2017年度「業務概況書」より作成。

　アメリカはずいぶん前から日本に対し「年次改革要望書」などをつうじて、日本の年金積立金の運用をアメリカの投資会社やヘッジファンドにゆだね、リスク投資にふり向けるようにもとめてきました。

　その要求にこたえ、二〇一四年四月、安倍首相はアメリカのゴールドマン・サックス・アセット・マネジメントなど数社に運用を委託することをきめました。

　安倍首相は、年金積立金で国内市場の株価を支えるだけでなく、その運用を日本国債から外国株、外国債へふりむけることで、アメリカの株や米国債も買い支え、歓心を買おうとしてきたのです。

すでにみてきたように、「異次元の金融緩和」は「円安→株高」という金融バブルをつくりだしてきました（一五七ページ、図2―15参照）。

第二次安倍政権が発足する前の一二年一〇月の時点で、一ドル七九円台だった円は、「異次元の金融緩和」が始まった直後の一三年五月に一〇〇円台の円安に大きくうごき、円安の流れは一五年六月の一ドル一二五・八円のピークまでつづきます。しかし図2―15で見たように、一六年のマイナス金利以降は円高傾向になっていきました。

為替を円安に誘導するためには、円を売りドルを買う「円売り／ドル買い」を大規模におこなわなければなりませんが、そもそも「異次元の金融緩和」開始前の一ドル八七円ラインから一二五円ラインまで五〇％もの急激な円安はどうやって実現したのでしょう。

第一に、前述のように、二〇一二年一二月の総選挙前から自民党政権の復活は確実で、安倍自民党総裁の「リフレ」政策がおこなわれ、円安になると予測した外国人投資家、ヘッジファンドが大規模な円売りを仕かけたことです。

第二に、安倍政権のもと、政府系機関も円安に誘導するためにうごきました。

しくみはこうです（図2―28）。

日銀がGPIFやゆうちょ銀行、かんぽ生命という政府系機関が持っている国債を買います。GPIF、ゆうちょ、かんぽは、この日銀から得たお金（円）で、米国債（ドル）を買います。すなわち「円売り／ドル買い」をおこなったのです。その規模は公表されていませんが、外国債券の保有残高の増加から三〇～四〇兆円と推計されます。

その結果、為替は円安に大きくうごきました。

前述（一七八～一八一ページ）のように、日本が米国債を購入することは、アメリカの要求でもありました。

GPIFが米国債の購入を増やしてくれたことは、アメリカにとって大歓迎だったわけです。表2―5は、GPIFが保有する外国債券のトップ10です。アメリカ、すなわち米国債の保有がダントツになっています。

私たちの年金積立金を活用して円安・株高に誘導することは、日本の大企業や株主のためだけでなく、アメリカ政府の要求にもこたえる対米従属的な売国行為だったのです。

さらに看過できないのは、私たちの年金積立金が、世界の軍事関連企業の経営を支えていることです。

表2―6はGPIFが保有している世界の軍事企業の株の時価総額です。

トップのボーイング社は、垂直離着陸輸送機オスプレイの開発・製造をおこなっています。二番目のユナイテッド・テクノロジーズは、さまざまな業種の事業会社を持つグループ企業ですが、子会社としてたくさんの軍事関係の大手企業をもっています。三番目のロッキード・マーチン社は、ミサイル防衛システムの開発やステルス戦闘機F35を製造しています。

図2—28　政府系金融機関による円安誘導のしくみ

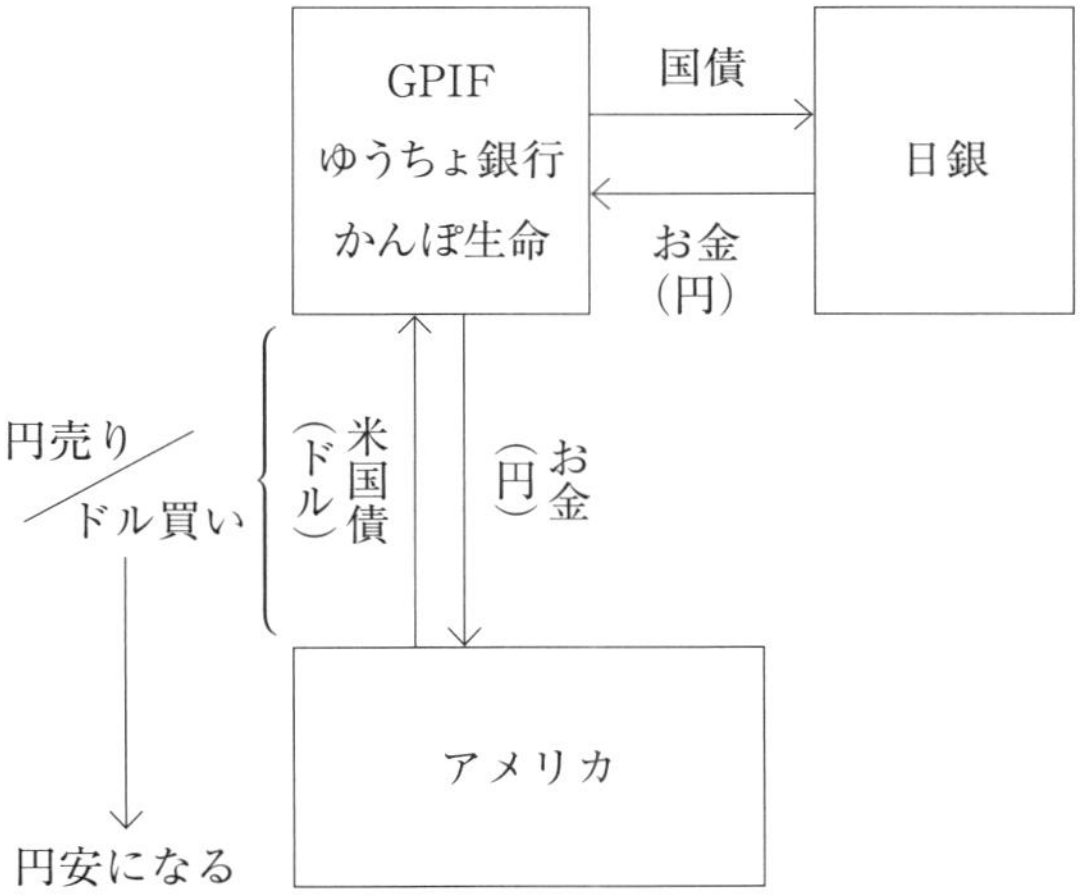

表2—5　GPIFが保有する外国債券の上位10銘柄（2018年3月末）

No.	発行体名	時価総額（億円）
1	アメリカ	69,837
2	イタリア	19,797
3	フランス	19,279
4	スペイン	13,246
5	ドイツ	12,566
6	イギリス	11,019
7	メキシコ	4,799
8	ベルギー	4,705
9	オーストラリア	3,582
10	カナダ	3,546
計	2,700発行体	235,818

表２—６　GPIF が株を保有するおもな軍事関連企業

企業名	2018年3月末現在 時価総額（億円）
ボーイング（米国）（BOEING CO）	1,773
ユナイテッド・テクノロジーズ（米国）（UNITED TECHNOLOGIES CORP）	858
ロッキード・マーチン（米国）（LOCKHEED MARTIN CORP）	750
エアバス（欧州）（AIRBUS SE）	679
レイセオン（米国）（RAYTHEON COMPANY）	667
ノースロップ・グラマン（米国）（NORTHROP GRUMMAN CORP）	555
ゼネラル・ダイナミックス（米国）（GENERAL DYNAMICS CORP）	545
BAE システムズ（英国）（BAE SYSTEMS PLC）	209
L−3テクノロジーズ（米国）（L3 TECHNOLOGIES INC）	136
レオナルド（イタリア）（LEONARDO SPA）	36

（出所）　年金積立金管理運用独立行政法人ホームページ等より作成。

私たちの老後をささえる年金積立金が、戦争のために使われるなどあってはならないことです。この点からも年金積立金の運用方針は抜本的に見直さなければなりません。

年金消滅を回避せよ

そもそも公的年金の半分を、リスクの高い株で運用する国などほかにありません。

イギリス、ドイツ、フランスなどは、公的年金の財政方式が完全な賦課方式ですから、給付に必要な数カ月分程度の積立金しか保有しておらず、積立金の運用が政治問題になることはありません。

アメリカは、州ごとの職員退職制度などの年金基金もありますが、わが国の国民年金・厚生年金に相当する公的年金は、連邦政府によるＯＡＳＤＩ（老齢遺族障害保険）です。

けれどもこのＯＡＳＤＩは、日本と同規模の積立金をもっていますが、全額、米国債で運用し、社会保障庁と財務省が直接取引をしています。

その理由は、国債なら事実上の債務不履行がなく安全であること、株式への投資は国民負担の変動をまねき社会保障の目的と反すること、株式投資の収益率を調べた実証的研究からも投資すべきでない、政府による株式投資には、政治リスクがあり資産規模が大きくなるほど深刻になること、などをあげています（「社会保障制度諮問委員会」レポート）。

金融大国のアメリカでさえ、国民の年金をまもることを最優先にかんがえ、年金積立金を株で運用することはしていません。

国民には「年金財政が苦しい」といって支給削減や保険料引き上げを押しつけながら、その年金の積立金を、大企業やアメリカの利益のために投入するなど許されることではありません。


安倍政権は、年金積立金の国債中心の運用では利益が出ないからリスクがあっても株に投資するのだと正当化してきました。しかし株での運用は短期的に利益がでることがあっても、将来、株価が急落すれば一瞬でその利益も消滅してしまいます。

二〇一三年一月以降の株の運用益は株価上昇のために三八兆円をこえています。しかし〇七年から〇八年にかけて起きた米国サブプライムローンの破たんからリーマン・ショックにいたる世界金融危機のときには、国内・海外をあわせた株の運用益のマイナスはわずか一年のあいだに二〇兆円にもなりました。当時の株式運用比率は二〇％程度でしたが、現在は五〇％に拡大しています。リーマン・ショック規模の事態がおこれば、株式投資にのめりこんでいるＧＰＩＦの数年分の運用益などいっぺんに吹っ飛んでしまう危険があるのです。

わたしたちは、およそ一〇年ごとにバブルの発生と崩壊を経験してきました。

一九八〇年代の日本の株と不動産バブル、一九九〇年代のＩＴバブル、二〇〇〇年代のアメリカ住宅バブル・サブプライムローンの破たんとリーマン、ショックです。

藤田勉・一橋大学大学院特任教授は、バブルと株価の関係をつぎのようにのべています。（「日経」一八年九月一〇日付）。

「過去三回のバブル崩壊後の日経平均株価の下落率は毎回六〇％を超えており、相場がいったん崩れれば、株価が半値以下になる。株価上昇期間は約八年、下落期間は約二年。バブル崩壊は急激だが、短期間で終わることが多い」。

「専門家であってもバブル発生を認識するのは大変難しい。新興国通貨の下落、世界的な金利上昇、米中貿易摩擦などリスク要因は数多い。すでに何らかのバブルが発生している可能性が高い。そもそも永遠に株価が上がることはない。崩壊しないバブルはない。言い換えるとバブル崩壊のリスクも高まりつつある」。

山田博文・群馬大学名誉教授も、歴史上最高値に達したアメリカの株価をみて、「トランプ・

バブル」の崩壊が予測されているとし、その背景に日本、米欧、中国の中央銀行による量的緩和によるあり余ったマネーの存在を指摘しています（「しんぶん赤旗」一八年一一月二日付）。

バブルはそのときどきの金融・経済・社会の複合的な要素が複雑にからみあって起きてきました。その進行中にバブルだと認識することはきわめて困難だといわれています。アメリカのＦＲＢの議長を一八年以上もつとめたグリーンスパン氏でさえ、ＩＴバブルが崩壊したあとの二〇〇二年に「バブルは崩壊して、初めてバブルと分かる」といわざるをえませんでした。

一七年一月、参議院の金融問題調査団で訪米したとき、ニューヨークの金融機関の幹部がウオール街の格言をおしえてくれました。「「Buy when others sell, Sell when others buy.（人が売るときに買い、人が買うときに売れ）」というものです。

株をやるなら当たり前のことのようにおもえますが、「人が売るとき」「買うとき」を見分けるのはふつうの人には困難です。むしろ巨額の資金を動かせるヘッジファンドなどが「とき」を仕かけ、先取りしてもうけるのです。

しかもヘッジファンドは、前述（一八七～一八九ページ）のように「空売り」という手法までつかって株の暴落を仕かけてきます。

わたしたちの老後の資金である年金積立金を株に投資するということは、とてもリスクの高いことなのです。

そもそも国債中心の運用で利益が少なくなったのは、安倍政権の「異次元の金融緩和」による大規模な量的緩和やマイナス金利を導入した結果です。

じぶんで国債の利回りを下げておきながら、国債はもうからないからと株をすすめる。金融詐欺の誘導手口とほとんど変わりがありません。

安倍政権による年金積立金バクチをやめさせるとともに、国債発行と金利の適正化を一刻もはやくすすめることが必要です。そのためにも「異次元の金融緩和」の中止と安倍内閣の退陣を実現しなければなりません。

年金積立金をどうするか

そもそも巨額の年金積立金を積み立てる必要があるのでしょうか。

ヨーロッパ諸国では、公的年金の積立金は、前々ページでのべたばかりですが、給付費の数カ月分しか用意されていません。それとくらべて、国民年金・厚生年金あわせて約一六〇兆円、給付費の三年分という日本の貯めこみ額は異常です。

日本の年金制度は、戦時中の一九四一年につくられた労働者年金保険法（四四年に厚生年金保険に改称）によってはじまりました。しかし年金を支給するのは数十年先ということから、ほんとうの目的は、国民からとりたてた保険料（年金積立金）を戦費に使うことだったといわれています。

じっさい、年金積立金は戦費に使われたあげく、敗戦時のインフレで価値がなくなってしまいました。

戦後の高度経済成長期には、年金積立金は、第二の予算といわれる財政投融資計画をつうじて道路、港湾などの公共事業に投入されました。

また巨額の積立金は、グリーンピア（大規模年金保養施設）に代表される浪費型事業や厚労官僚の接待費、天下り先の法人に対する不透明支出などに流用されていたこともあきらかになり、国民の年金不信を高める一因となってきました。

過大な年金積立金は計画的に取りくずし、年金給付の充実にあてるべきです。

日本共産党は、安倍内閣による年金削減にストップをかけ、二段階の改革で、安心できる年金制度の確立を提案してきました。

第一段階では、「減らない年金」を実現し、低額年金の底上げをはかります。

日本の年金制度の最大の問題は、低年金・無年金者がぼう大な数にのぼることです。「マクロ経済スライド」など年金引き下げにつながるしくみを全面的に見直し「減らない年金制度」へと転換します。どうじに、年金受給者全員に定額の税財源を投入し、低年金の底上げを実施します。

第二段階では、全額国庫負担による最低保障年金制度の確立にすすみます。保険料納付にかかわらず月五万円の最低保障額を設定し、その上に、支払った保険料におうじた給付を上乗せする制度をスタートさせます。

最低保障年金の導入に足を踏みだせば、低年金・無年金の増大、年金制度の「空洞化」、サラリーマン世帯の専業主婦の「第三号被保険者問題」など、今日の年金制度が抱えるさまざまな矛盾を抜本的に解決する道がひらけます。

これらの改革に必要な財源は、消費税増税とは別の道――①「応能負担の原則」に立った税制の改革、②国民の所得を増やし、日本経済を成長軌道に乗せる経済の改革――によって確保します。

過大に積みあがった年金積立金も、株への投資でリスクにさらすのではなく、計画的に取りくずして給付水準の引き上げに活用するなど、国民のくらしのために使うべきです。（くわしくは日本共産党中央委員会ホームページの「政策」→「社会保障」→「年金」参照）

（6）まともな資本主義へ

実物のカジノをつくるだけでなく、巨額の公的マネーを使ってとばくのようなマネーゲームをくり返す――この安倍政権の経済政策を本書では「カジノミクス」と呼んできました。「カジノミクス」は、国家をあげた日本版「カジノ資本主義」ということもできます。

「カジノ資本主義」の膨張と破たん

「カジノ資本主義」という表現で現代資本主義を特徴づけたのは、本書の冒頭で紹介したイギリスの経済学者、スーザン・ストレンジでした。

スーザン・ストレンジは、ジャーナリスト出身の学者として、つねに現実社会と向き合う姿勢をつらぬき、既存の学問の権威に抗して新たな思索を展開したという点において、わたしがもっとも尊敬する現代の経済学者です。

彼女は、実体経済の世界にくらべて肥大化した金融の世界が、しだいにカジノのようなマネーゲームと化し、偶然に左右される要素が大きくなったことで、実体経済の不安定を拡大していると指摘。この強大化したマネーゲームにたいする規制強化をうったえるため、一九八六年に『カジノ資本主義』をあらわしました。

その後、九〇年代における各国の通貨危機や金融バブルの崩壊など、彼女の警告したような事態がつぎつぎとおこります。

彼女は一九九八年にこの世を去りましたが、最後の著書『マッドマネー』(同年刊)において、現代社会のすがたをつぎのように描きました。

「(カジノ資本主義は) われわれすべてを非自発的なギャンブラーにしてしまったことである。入退場が自由である通常のカジノと、大規模取引をするグローバルなカジノとの違いは、後者ではわれわれすべてが日々の営みの中で、非自発的に関わらざるをえないということである。通貨(価値)の変動によって農民の作物の価値は収穫前に半減しうるし、輸出業者を廃業に追い込みうる。利子率の上昇は商店経営者の在庫コストを致命的なまでに増大させうる。財務的配慮が先にたった企業買収は工場労働者の職を奪いうる。巨大金融センターのオフィス街のカジノで何が行われるかによって、新卒者から年金生活者まで諸個人の生活は、突然の、予測しがたく、しかも避けがたい影響を受ける。金融的カジノの中で皆がすごろくゲームをプレイしているのである」。

「カジノ資本主義」とは一部の者だけのマネーゲームではなく、国民全体を巻き込んでおこなわれるゲームであり、そのしわ寄せはいつも国民に押し付けられるということです。

そしてそのゲームのプレーヤーは「巨大金融センターのオフィス街のカジノ」にいる一にぎりの人たちであり、中心は本書でもとりあげてきたヘッジファンドと、それにばく大な資金を供給しているメガバンクなどの巨大金融機関です。

じっさい、彼女の死後、さらに巨大な資金を運用するようになったヘッジファンドは、世界中で数々のバブルや金融危機を引きおこし、一部の大投資家をもうけさせるいっぽうで、各国民のくらしに大打撃をあたえました。

スーザン・ストレンジ

いったい、なぜこんなに金融の世界が肥大化してしまったのでしょう。
本来、金融は実体経済に資金を融通することで経済を発展させるのが仕事であり、実体経済の補完的な役割を果たすべきものです。
ところが「尻尾（金融）が犬（実体経済）をふり回す」といわれるように、投機マネーが横暴勝手に利ザヤをもとめて一瞬のうちに国境をこえて世界（市場）をかけ回り、人びとの生活や経済全体に被害をあたえるようになっています。

この投機マネーの原資はなんでしょう。

九〇年代はじめから世界を席巻した新自由主義は、利潤の最大化を追求し、賃金を抑えこみ、社会保障制度を後退、解体させていきました。

そのもとで貧困と格差がひろがり、いっぽうで大企業と富裕層（大投資家）に富を集中させました。その富は巨額の金融資産となりましたが、その多くは実体経済への投資に回ることなく、利ザヤをもとめてヘッジファンドや投資銀行に運用がゆだねられたのです。

それに政府系ファンド（中東の産油国、中国、ロシアなどが自国の外貨収入の運用をおこなうために設立したファンド）や各国の年金基金なども加わり、膨大な金額の投機マネーが形成されました。日本などの超低金利の国からお金を借りて投機マネーとして使うということもおこなわれてきました。

さらに世界的な金融市場の規制緩和により、ヘッジファンドや投資銀行による投機的な活動がほとんど野放しになりました。また、証券化や金融派生商品（デリバティブ）といった新しい金融手法も、従来、投機の対象にならなかったものまで投機の対象に組みこむ役割を果たし、投機マネーのもうけを拡大しました。

投機マネーの金額は膨張をつづけ、その金額は、二〇〇八年時点で一八〇兆ドル（約一京六千兆円）ともいわれ、世界のＧＤＰの約三倍にも達するほどにふくらみました。

そして〇八年九月、アメリカの大手投資銀行リーマン・ブラザーズの経営破たんが引き金になった世界的な経済危機、同時不況が勃発しました。いわゆるリーマン・ショックです。

リーマン・ブラザーズが経営危機に至ったのは、「サブプライムローン」という低所得者層向け住宅ローンを証券化した金融商品を大量にかかえていたからでした。「サブプライムローン」は、当時のアメリカの住宅・消費バブルをつくりだした、いかがわしい金融商品でした。（拙著『ルールある経済って、なに？』二〇一〇年参照）。

そのバブルが崩壊し、リーマン・ブラザーズが負債総額六一三〇億ドルという史上最大の負債額で破たんしたのです。

リーマン・ショックの影響は世界に連鎖的に拡大。主要国のほとんどで株が暴落し、アメリカの消費の減退もくわわって、日本では輸出関連の製造業で大量の「派遣切り」がおこなわれました。

ゲームを終わらせろ

リーマン・ショックのあと、アメリカやＥＵ（欧州連合）など発達した資本主義国だけでなく、主要二〇カ国によるG20の場や、IMF（国際通貨基金）などでも、投機マネーの規制について検討がおこなわれました。

とくに二〇〇八年一一月にワシントンで開催されたG20の第一回首脳会合では、国際金融規制に議論が集中し、以降、G20とFSB（金融安定理事会、各国の中央銀行や金融当局が参加）が金融規制を主導していくことになります。

具体的には、金融機関の自己資本比率や高リスク投資への規制をすすめる「バーゼル規制の強化」や、店頭デリバティブ規制、またオバマ政権のもとでアメリカ独自の「ドッド・フランク法（「金融規制改革法」）」による投機マネーやヘッジファンドへの規制などがおこなわれてきました。

またEUでは、金融取引（為替取引をふくむ）に課税する「金融取引税」の議論がすすんでいます。すでにフランス、イタリアでは一部を先行導入し、ユーロ圏一〇ヵ国での共通の金融取引税の導入にむけてとりくんでいます。

しかし、「サブプライムローン」のようなあまりにも不透明な金融商品の組成や、極端にレバレッジ（てこ）をきかせた取引は抑制されてきているといわれますが、リーマン・ショックから一〇年がたった今も、投機マネーの抜本的規制にはほど遠い状況です。

それは規制強化に反対する多国籍企業や投資銀行などの国際的金融資本の抵抗がつよく、各国政府もその意向をうけて本腰をいれてこなかったからです。

しかもアメリカでは、トランプ政権になって、ぎゃくに規制をゆるめるうごきが強まっています。

前オバマ政権が制定した「ドッド・フランク法」を見直そうというのです。「ドッド・フランク法」には、銀行が自己資金で投機的な取引をおこなうことを禁じる「ボルカー・ルール」の導入やさまざまな消費者保護策がもりこまれました。

しかし共和党を中心に、金融機関の経営を縛り、負担増を強いるものだという批判が展開され、トランプ大統領は、一六年の大統領選のときから、「ドッド・フランク法」の全面的な見直しを公約にかかげていました。

そして一八年五月、とうとう「ドッド・フランク法」は一部改定され、「ボルカー・ルール」の適用除外措置など金融規制が緩和されました。

国際通貨基金（ＩＭＦ）のラガルド専務理事は、一八年九月五日のブログで、Ｇ20が世界の景気回復や金融規制の強化に果たした役割を評価するいっぽうで、「最も懸念すべき点かもしれないが、政策当局者は現在、危機後の（金融）規制の再緩和を求める業界からの猛烈な圧力にさらされている」とのべ（「日経」一八年九月二一日付）、トランプ政権のもとですすむ金融規制緩和のうごきを批判し、金融危機の再発防止へ努力をつづけるよううったえています。ラガルド氏は、かつてフランスの経済閣僚としてリーマン・ショックやギリシャ危機の対応にあたった当事者です。

このまま規制をゆるめる方向がすすめば、国際的な金融危機がまた引きおこされることになりかねません。

企業を滅ぼす「ROE至上主義」

「カジノ資本主義」は、金融危機を引きおこすだけでなく、各国民の賃金を抑制し、貧富の差を拡大してきました。

投機マネーは短期的な利益を追いもとめるマネーです。株式市場で投機マネーが重視するのは株主資本利益率（ROE＝Return On Equity）です。

株主資本とは、株主（投資家）が出資した資本金や、それを使って生じた利益の剰余金のことをさします。ROEとは、株主資本にたいする当期の純利益の割合で、「当期純利益／株主資本」で次ページの式のように表されます。

つまり、ROEとは株主が出したお金にたいし、企業がどれだけの利潤をあげたかをしめす指標です。

たとえば、株主資本がおなじ一〇〇億円のA社とB社があって、A社の純利益が五億円でROEが五％で、B社の純利益が八億円で八％だとしたら、投資家はROEの高いB社の株を買います。

株主（投資家）にとっては、ＲＯＥの高い企業に投資した方が利益（配当）をかせげることになりますし、企業にたいしつねにＲＯＥの引き上げをもとめるようになります。ＲＯＥは投資家が「企業価値」を判断する最大の材料なのです。

安倍政権もＲＯＥ向上を企業目標とするよう大号令を発します。

二〇一四年六月の「日本再興戦略」において、企業の「稼ぐ力」の向上の目標として「グローバル水準のＲＯＥの達成」をかかげました。

そして八月には、経済産業省が「『持続的成長への競争力とインセンティブ～企業と投資家の望ましい関係構築～』プロジェクト」（座長、伊藤邦雄一橋大学教授・当時）の最終報告書、いわゆる「伊藤レポート」を発表し、「最低限八％を上回るＲＯＥを達成することに各企業はコミットすべき（責任をもってとりくむべき）」と、ＲＯＥ至上主義を打ちだしました。

$$\text{ROE（株主資本利益率）} = \frac{\text{当期利益}}{\text{株主資本}}$$

しかし、ＲＯＥ至上主義は、賃金を抑えこみ、企業の未来投資を妨げ、かえって企業の長・中期的な発展を阻害するものです。

上の「式」にあるように、ＲＯＥを引き上げるには、分子の純利益を大きくすることが必要です。

そのため企業は、人件費を抑えながら、売り上げをのばすことに専念します。たとえ売り上げがのびても、人件費に還元したら純利益が下がってしまう。そうなるとROEも下がり、株主から見放されるからです。

ぎゃくに積極的に人件費を下げれば、マネーを呼びこむことができる。企業がリストラ計画を発表するとその株価が上昇するのは株式市場では日常的に見られることです。人員を削減し、労働者の賃金を抑え、非正規雇用を増やした企業のほうが、「企業価値」が高いとして株価が上がるのです。

またROEを向上させるため、「自社株買い」という方法も取られてきました。

「自社株買い」とは、文字どおり、自社が発行している株式を、自社の資金を使って市場から買いもどすことです。「トヨタ自動車がトヨタ自動車の株を買う」、「NTTがNTTの株を買う」というのが「自社株買い」です。

自社株を買うと、発行済みの株式の数が減ります。ROEの公式でいえば、分母の株主資本が自社株で買い取られた分、減少します。利益総額が変わらなければ、ROEは高くなります。一株当たりの利益も増えることにもなり、市場に好感されて株価が上昇する場合が多くみられます。このことから「自社株買い」は配当とならんで、利益還元策として用いられてきました。

ＲＯＥ至上主義においては、最大の報酬を受けるべきは投資をした株主であり、企業の利益を最大化した経営陣、役員ということになります。ＲＯＥが上がった企業では株主への配当が増やされるいっぽう、労働者の賃金はいつまでも抑えられることになります。現在の格差拡大のメカニズムの根源の一つはここにあります。

図２―29　第２次安倍政権発足後の大企業諸指標の推移

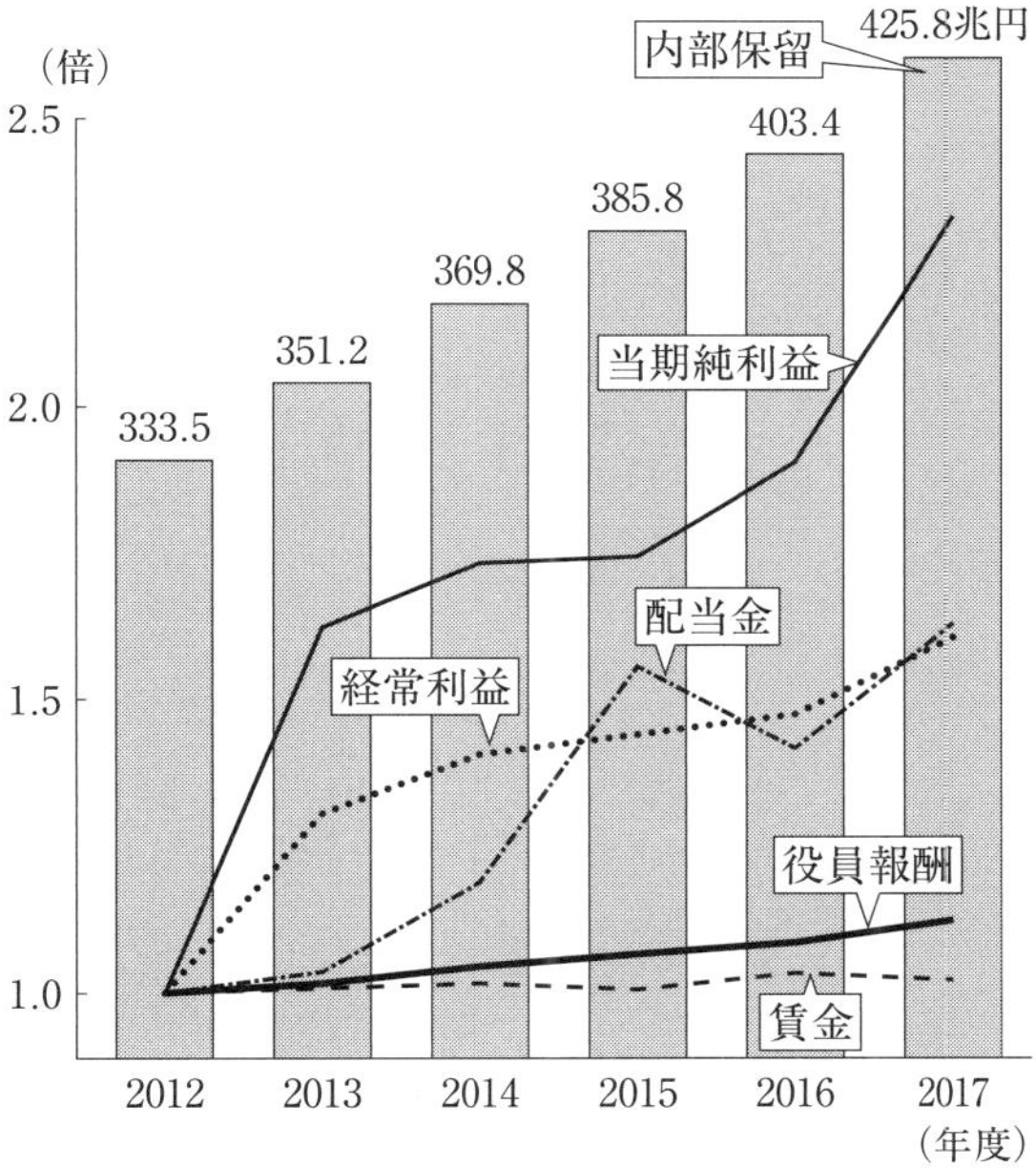

（出所）　財務省「法人企業統計」から資本金10億円以上の企業（金融・保険業をふくむ）について集計。しんぶん赤旗経済部調べ。

図２―29をみてもらえばわかりますが、財務省の二〇一七年度「法人企業統計」によると、大企業（金融・保険業をふくむ。資本金一〇億円以上）の内部留保が四二五・八兆円となりました。

第二次安倍政権が発足した二〇一二年度から一・二八倍に増え、

当期純利益は一二年度の一九・五兆円から四四・九兆円へと二・三倍にも急上昇しています。一人あたり役員報酬は一二年度からは一・一三倍の伸びです。配当金も一・六五倍に急増しました。一方、従業員の賃金は一二年度と比べ一・〇三倍にとどまります。この間の消費税増税や物価上昇と合わせると実質減少です。

大企業が儲けた利益は、株主配当や役員報酬には回されましたが、はたらく者の賃金には回らず、内部留保として蓄積されたことがわかります。

かつての日本企業の経営者は、資源の少ない日本にとって人材こそ資源であると考え、いまにくらべれば、もうすこし従業員を大切にしたものでした。

ところがいまや従業員は使い捨ての部品のごとく扱われ、その賃金はただの費用（コスト）に過ぎなくなりました。賃金をカットすれば企業価値が上がり、株価も上昇するという悪しき慣行がはびこり、リストラを実行した役員が多額の報酬とボーナスを受け取ることが、恥ずかしげもなくおこなわれています。目先の利益ばかり追いかけ、企業としての社会的責任の自覚もなければ、人材を育てる意思もない。けっきょく企業は人です。人を大事にしないで、企業の発展などあるわけがありません。

どうじに、ＲＯＥ至上主義は、利益を、企業の研究開発など将来をみすえた投資より、目先の配当へ回すことを要求することから、企業の持続的発展を阻害します。

いまは採算がとれなくても、将来性が見込まれる部門というものがあります。企業経営には、腰をすえて、それをしっかりと見据える能力と気概がもとめられますが、ROE至上主義のもとでは、当面収益をあげている部門に資本を集中させたほうが目先のROEを高めることができるので、そういう部門は「不採算部門」として切り捨てられてしまいます。

人材育成や企業の将来にむけた投資を抑えこみ、株主、しかも短期的な投資家の利益だけを優先する。こんなことをつづけていては、企業の未来も日本経済の発展もありません。

このままでいいのか、資本主義

二〇一八年七月一一日の日本共産党創立九六周年記念講演会で志位和夫委員長は、政府の総合規制改革会議などの議長を一〇年以上もつとめたオリックスのシニア・チェアマンの宮内義彦氏の発言を取り上げました。宮内氏はこういっています。

「経済が行き詰まった平成では、『会社は誰のものか』という問題も突きつけられた。『経営者は株主に奉仕する』というのが、資本主義の原則だ。私もそれが最も効率的に社会に富をもたらすと訴えてきた。『業績を上げるのが最優先だ』と。いまは、この考え方が変わった。米国は企業の稼ぐ力では抜きんでているが、貧富の格差が社会の亀裂を生んでいる。これを調和させるために社会が払うコストは高い。ここ5年ほどで、『そういう資本主義でいいのか』と疑問を抱くようになった。会社は人、モノ、カネをうまく使って経営する。だが、人はモノやカネとは違う。最大限の配慮が必要だ。経済活動は人に奉仕するために存在する。『昔言っていたことと違う』と言われるかもしれないが、時代にあわせて人は変わるべきだ。次の時代は、より分配に力を入れた社会をめざすべきだ」（「朝日」二〇一七年一二月一七日付）。

志位委員長は講演のなかで、「財界の当事者たちが間違っていたという道を、間違っているという自覚なしに暴走する安倍政権」をきびしく批判。「このような勢力に日本経済のかじとりをまかせるわけには、もはやいかないではありませんか」とよびかけました。

株主中心の資本主義のあり方を疑問視するという声は、現在の経営者、保守層のなかでもひろがりつつあります。

内閣府参与、経済財政諮問会議専門調査会会長代理などを歴任したベンチャーキャピタリストの原丈人《はらじようじ》氏は、その著書『「公益」資本主義』のなかでつぎのようにのべています。

「『会社は株主のもの』という間違った考えが、世界や日本の経済を停滞させ、金融危機を引き起こしています。私たちは、『株主資本主義』という『偽りの資本主義』から抜け出し、代わりとなる『新しい資本主義』をつくりあげなければなりません」。

「会社は株主だけのものではありません。従業員、顧客、取引先といった直接の関係者はもちろん、地域社会や国や地球全体までを『ステークホルダー（利害関係者）』と捉えるべきです。経営は、これらステークホルダーのすべてを幸せにする、という方針に基づくべきなのです。マネーゲームではなく、実体経済こそ豊かにする資本主義でなければなりません。一握りの資本家に巨額の富が集中するのではなく、誰でも平等なチャンスがあたえられ、社会全体が豊かになる資本主義です」。

「アメリカでこういう話をすると、『あなたは共産主義者ですか？』と不審に思われます。私は共産主義者ではありません。金融や資本主義そのものを否定しているわけではないのです。むしろ株価優先やマネーゲームで歪んでしまった資本主義を、原点の姿、本来のあり方に引き戻すべきだと主張しているのです」。

現在、この「『公益』資本主義」という考え方にもとづいて、若手経営者のなかで研究会などが数多くひらかれるようになっています。

カジノ資本主義を超えるための模索は、保守層のなかでもすでに開始されているのです。

資本主義のあり方を見直そうといううごきは、世界的にもひろがってきました。

アメリカではリーマン・ショックのあと、若者たちの失業が深刻化し貧困化がすすみました。いっぽう大株主や富裕層への税制や投資における優遇措置はつづけられ、貧富の格差がひろがりました。

二〇一一年九月にアメリカで、若者たちを中心に「ウォール街を占拠せよ」という大規模な抗

「ウォール街を占拠せよ」と集まった「99%のための政治を」もとめる人びと［©ZUMA Press/amanaimages］

議行動が展開されました。その主張は、富裕層への優遇措置への批判、金融取引規制の強化、高い学費や家賃の改善、雇用確保などでした。

また最も裕福な人口の一%の人びとが全米の資産の三五%を所有し、その資産を拡大していることから、「we are the 99%」（九九%のための政治を）がスローガンになりました。

この流れは一六年の大統領選挙の民主党候補選びにつながっていきます。

格差是正と富裕層への増税、最低賃金引き上げなどを前面にかかげた自称「民主的社会主義者」、バーニー・サンダース上院議員がヒラリー・クリントン元国務長官相手に大接戦を演じたのです。

一七年一月に参院金融問題調査団の一員として訪米したとき、ニューヨークで懇談したある企業の幹部がわたしに「じぶんはずっと共和党支持だが、トランプは好きではない。トランプが勝つくらいなら、トランプ対ヒラリーではなく、トランプ対サンダースのたたかいを見てみたかった。結果はどうなったかわからんよ」といいました。

バーニー・サンダース氏のいう「民主的社会主義」というのは、特別な理論にもとづくものではなく、ひと握りの大企業やお金持ちのための政治ではなく、大多数の人びとの生活を良くするための政治のことです。

バーニー・サンダース氏［©ZUMA Press/amanaimages］

サンダース氏はアメリカ国民によびかけました。

「みんなで一緒に取り組む勇気を奮い起こせば、必要とされていることはできると、私は確信している。進歩的な未来を築くためには、進歩的な運動を築かなければならない。それは、アメリカのすべての地域社会で市民が立ち上がり、こう叫ぶことだ『私たちは、すべての人のための経済的公正を信じる。私たちは、お金と権力のある人が不当な影響力をもつことを、もう受け入れない。私たちはこの国を変えるつもりだ。草の根からやるべきことを始めるんだ』」（『バーニー・サンダース自伝』萩原伸次郎訳）。

サンダース氏は、そのあたりまえのことをまっすぐに主張して大きな支持をえたのです。

この流れはとどまることなく、二〇一八年一一月のアメリカの中間選挙では下院で民主党が過半数を奪還、その中でもサンダース氏の率いる「民主的社会主義者」の候補が数多く当選しました。

「しんぶん赤旗」(九月二五日付)によれば、一六年大統領選の民主党候補者選びでサンダース氏を熱烈に支持したミレニアム世代(一九八〇年代から二〇〇〇年前後にかけて生まれた若年世代)の若者たちのあいだで、ひろがりつづける経済格差の根源を問う声がいきおいを増し、二大政党政治への批判も相まって、各地で民主党主流派を「民主的社会主義者」が追い落とす番狂わせを引きおこしてきたといいます。

また全米で「米国民主的社会主義者」(DSA)の会員が急増していますが、加入してくる若者の多くは、大学に行けない、卒業後のローン返済に苦しむ、生活費が稼げる職が見つからないなど経済的困難に直面しているとのことです。

DSAのホームページにある「民主的社会主義」についての説明文では、現在の社会経済状態について、自らと一部の豊かな株主の要求にしか応じない企業役員が無数の人々に影響を与える経済的決定をおこなっていると批判。資源が人間の必要を満たすよりも資本家がお金をもうけるために使われていると指摘しています。そのうえで「経済に関する諸機関に影響される労働者や消費者が、そうした諸機関を所有し管理するべきである」と主張しています。

イギリスでも二〇一七年六月の総選挙で、「社会主義者」を名乗るジェレミー・コービン党首が率いるイギリス労働党が、格差と貧困の打開をかかげて、躍進をかちとりました。

コービン氏は一八年九月二六日の労働党大会の演説で、「一〇年前の金融危機で、規制緩和された金融資本主義が崩壊し、破滅的影響を与えた」と指摘し、危機をまねいた経済システムを救済した結果、景気後退、史上最長の賃金の低下が発生し、人種主義と排外主義が強まったと批判。「新しい形の所有形態と公共企業を探求することが必要だ」とうったえました（「しんぶん赤旗」九月二八日付）。

これらの「社会主義」は明確な定義と理論的展望をもったものではないかもしれませんが、いまの経済政策を少し改善すればいいというレベルをこえて、根本的に資本主義のあり方を変えようというメッセージがこめられているとおもいます。

つまり「九九％のための政治を」実現する、経済的民主主義を実現しようということではないでしょうか。

巨大化した金融資本の抜本的な規制はかんたんではありませんが、経済的民主主義の力が国際的に結集されるなら、かならず実現する日はやってきます。

マルクス

日本共産党は、経済的民主主義の徹底による国民生活の向上と経済の発展をめざしています。

しかしそれは、大企業を敵視するとか、金融をただ制限することをめざしているわけではありません。大企業にはその力に見合った社会的、経済的責任を果たしてもらいたいとおもいます。金融には経済の血脈としての本来の役割に徹してほしいとおもいます。

企業も、目先の短期的な利益ばかりを追いかけていると、やがて滅びてしまいます。従業員、下請け、お客さんをもっと大事にし、中長期的な視野に立って経営戦略を打ち立てることこそ、企業の発展につながるのではないでしょうか。

日本共産党は、経済的民主主義が徹底し、一%のための経済でなく国民多数のための経済を実現するためにがんばりぬきます。

しかしそれでも、資本主義にたいする問いかけはつづくかもしれません。

なぜなら、「利潤第一主義」という宿命をもった資本主義は、労働者への搾取を根絶することはできず、環境破壊や恐慌などを引きおこし、どうしても国民の利害と衝突する事態をまねいてしまうからです。

将来、そのときの国民多数がのぞむならば、生産の目的を「利潤第一主義」から、「社会と人間の発展」におきかえること、すなわち、工場や機械、土地などの生産手段を、私的資本の手から人間の連合体である社会の手に移すこと――生産手段の社会化へふみだすという「未来社会」の展望を日本共産党はもっています。

「未来社会」では、資本主義につきものの搾取や浪費が一掃され、労働時間も抜本的に短縮することができるでしょう。

マルクスは、労働時間の短縮によって人びとが時間を自由に使えることを「自由の国」とよびました。自由時間こそ、人間の自由で全面的な発展を保証するものだからです。

そういう資本主義をのりこえた「未来社会」のことを、私たちは社会主義・共産主義社会と呼んでいます。

ずっとずっと先のことかもしれませんが、人類の歴史は、資本主義で終わりではない、それを乗りこえる新しい時代が必ずおとずれるとおもっています。

謝辞

本書を最後まで読みすすめていただき、ありがとうございました。

本書は、多くの方々の理論的探究や現場でのたたかいに知恵と力をいただきながら、書きすすめました。

第一部のカジノ問題では、鳥畑与一・静岡大学教授がカジノ反対派のまさに「頭脳」の役割を果たしてこられました。わたしの国会質問や本書の執筆でも貴重なヒントをいただきました。大阪カジノを阻止するための理論的支柱であり同時に「武闘派」でもある、桜田照雄・阪南大学教授にも多くの示唆をいただきました。

現場のたたかいでは、全国カジノ賭博場設置反対連絡協議会・代表幹事の新里宏二弁護士をはじめ、大阪、横浜、苫小牧、長崎、和歌山など各地のカジノ反対運動のメンバーの奮闘にはいつも頭が下がるおもいでした。

カジノ解禁を阻止するためにたたかってきたすべてのみなさんに心から敬意を表し感謝を申しあげます。ひきつづきがんばりましょう。

第二部の「カジノミクス」執筆にあたっては、日銀の事務方からたくさんの資料提供をうけ、長時間の議論をしました。立場はちがっても真摯な対応をしていただいたことに感謝します。一日も早く日銀がまともな姿にもどることを願うばかりです。

日銀政策全般と年金積立金にかんしては日本共産党経済・社会保障政策委員会責任者の垣内亮さんから貴重なアドバイスをいただきました。本当に有難うございました。

また「しんぶん赤旗」社会部の竹腰将弘記者、経済部のみなさんにも様々ご協力いただいたことにお礼を申しあげます。

本書の執筆をふくめ、つねに議員活動をささえていただいている丸井龍平、山本正人、槐島明香秘書にも、この場をかりて深く感謝いたします。

さいごに、本書で四冊目の出版になりますが、いつも激励と的確なアドバイスをいただいてきた新日本出版社の田所稔さんに心から感謝を申しあげます。

図表および収録ページ一覧

大門 実紀史（だいもん みきし）

1956年京都生まれ。

日本共産党参議院議員。

現在、参議院財政金融委員会、予算委員会、消費者問題特別委員会所属。

著書『「属国ニッポン」経済版――アメリカン・グローバリズムと日本』（2003年）『新自由主義の犯罪――「属国ニッポン」経済版２』（07年）『ルールある経済って、なに？』（10年）いずれも新日本出版社。

カジノミクス――「カジノ解禁《かいきん》」「アベ銀行《ぎんこう》」「年金積立金《ねんきんつみたてきん》バクチ」の秘密

2018年12月10日　初　版
2020年２月10日　第３刷

著　者　　大　門　実紀史
発行者　　田　所　　稔

郵便番号　151-0051　東京都渋谷区千駄ヶ谷4-25-6
発行所　株式会社　新日本出版社
電話　03（3423）8402（営業）
03（3423）9323（編集）
info@shinnihon-net.co.jp
www.shinnihon-net.co.jp
振替番号　00130-0-13681

印刷　亨有堂印刷所　　製本　小泉製本

落丁・乱丁がありましたらおとりかえいたします。

ISBN978-4-406-06296-1 C0031　　Printed in Japan